PSICOPATOLOGIA E PSICODINÂMICA NA ANÁLISE PSICODRAMÁTICA

VOLUME III

Dados Internacionais de Catalogação na Publicação (CIP)
(Câmara Brasileira do Livro, SP, Brasil)

Dias, Victor R. C. S.

Psicopatologia e psicodinâmica na análise psicodramática, volume III / Victor R. C. S. Dias. -- São Paulo : Ágora, 2010.

Vários colaboradores.
ISBN 978-85-7183-070-7

1. Psicodrama 2. Psicopatologia 3. Psicoterapia psicodinâmica 4. Psiquiatria I. Títulos.

10-05423   CDD-150.198

Índice para catálogo sistemático:

1. Análise psicodramática : Psicopatologia e psicodinâmica : Psicologia   150.198

Compre em lugar de fotocopiar.
Cada real que você dá por um livro recompensa seus autores
e os convida a produzir mais sobre o tema;
incentiva seus editores a encomendar, traduzir e publicar
outras obras sobre o assunto;
e paga aos livreiros por estocar e levar até você livros
para a sua informação e o seu entretenimento.
Cada real que você dá pela fotocópia não autorizada de um livro
financia o crime
e ajuda a matar a produção intelectual de seu país.

VICTOR R. C. S. DIAS

PSICOPATOLOGIA E PSICODINÂMICA
NA ANÁLISE PSICODRAMÁTICA

VOLUME III

PSICOPATOLOGIA E PSICODINÂMICA
NA ANÁLISE PSICODRAMÁTICA
Volume III
Copyright © 2010 by Victor R. C. S. Dias
Direitos desta edição reservados por Summus Editorial

Editora executiva: **Soraia Bini Cury**
Editora assistente: **Salete Del Guerra**
Assistente editorial: **Carla Lento Faria**
Capa: **Daniel Rampazzo / Casa de Ideias**
Projeto gráfico: **Daniel Rampazzo / Casa de Ideias**
Diagramação: **Raquel Coelho / Casa de Ideias**
Impressão: **Sumago Gráfica Editorial**

Editora Ágora
Departamento editorial:
Rua Itapicuru, 613 – 7º andar
05006-000 – São Paulo – SP
Fone: (11) 3872-3322
Fax: (11) 3872-7476
http://www.editoraagora.com.br
e-mail: agora@editoraagora.com.br

Atendimento ao consumidor:
Summus Editorial
Fone: (11) 3865-9890

Vendas por atacado:
Fone: (11) 3873-8638
Fax: (11) 3873-7085
e-mail: vendas@summus.com.br

Impresso no Brasil

Sumário

Apresentação, 7

1. A Psiquiatria Clínica e a Psicoterapia, 9
   Victor R. C. S. Dias

2. Distúrbios Funcionais, 31
   Virgínia de Araújo Silva

3. Defesas de Somatização, 69
   Celso Azevedo Augusto

4. Manejo dos Sentimentos na Análise Psicodramática, 121
   Victor R. C. S. Dias

5. As Técnicas de Espelho na Análise Psicodramática, 133
   Cristiane Aparecida da Silva

6. Cenas de Descarga, 155
   Elza Maria Medeiros

7. A Técnica da Tribuna, 167
   Fábio Goffi Jr.
   Mai Ferreira Magacho

8. Resumos da Análise Psicodramática, 189
   Victor R. C. S. Dias

Apresentação

Caro leitor,

Este terceiro volume da *Psicopatologia e Psicodinâmica na Análise Psicodramática* foi escrito por mim e por alguns colaboradores.

No Capítulo 1 abordo a eterna discussão entre os diagnósticos sintomáticos da psiquiatria clínica e os diagnósticos psicodinâmicos das escolas psicoterápicas. Aproveitei para sistematizar as condutas, que adotamos na análise psicodramática, tanto na síndrome do pânico quanto nas depressões neuróticas e depressões de constatação. Cunhei o termo Psiquiatra Terapeuta para identificar os procedimentos psiquiátricos aplicados a um cliente em processo de psicoterapia.

No segundo capítulo, a Virgínia escreveu, de forma brilhante, toda a sistematização dos Distúrbios Funcionais, cujo conceito já tinha sido publicado no primeiro volume dessa coleção.

Com uma paciência infinita, Celso reúne, no Capítulo 3, as principais doenças psicossomáticas, encaixando-as no conceito de

Defesas Somáticas e suas três divisões. Esse conceito também foi apresentado no primeiro volume dessa coleção.

No capítulo 4, sistematizo as condutas, na análise psicodramática, em relação aos sentimentos, tanto em relação aos seus valores morais como em relação aos seus valores essenciais. Escrevi, também, sobre os sentimentos reativos e os sentimentos neuróticos.

Cristiane descreve, no Capítulo 5, de maneira clara e didática, os oito tipos da técnica de espelho que foram desenvolvidos dentro da análise psicodramática, a partir da técnica do espelho moreniano.

No Capítulo 6, Elza expõe, de modo objetivo e conciso, a sistematização do uso das cenas de descarga, que utilizamos na análise psicodramática, para compensar a falta de aquecimento na psicoterapia bipessoal.

Fábio e Mai explicam, de forma pioneira, no Capítulo 7, as utilizações da técnica da tribuna dentro da análise psicodramática. Fábio discorre sobre a técnica nos grupos e nos grandes grupos, e Mai na psicoterapia de casais e famílias.

No oitavo capítulo, resumo, com auxílio da Cristiane, os principais temas da análise psicodramática para facilitar a pesquisa do leitor.

Aproveito para agradecer a minha secretária, Karla Chiaradia, pela ajuda na digitação, além da infinita paciência, com que mediou minhas constantes desavenças com essa máquina infernal chamada de computador.

Um cordial abraço e votos de uma boa leitura.

Victor

1. A psiquiatria clínica e a psicoterapia

Victor R. C. S. Dias

Poderíamos até dizer *psiquiatria versus psicoterapia* tal o clima de hostilidade reinante entre psiquiatras clínicos e psicoterapeutas, pois cada um tenta demonstrar que sua fundamentação teórica e sua postura terapêutica são melhores do que as do outro.

O objetivo deste capítulo é discutir, propor e explicitar uma postura profissional que dentro da Análise Psicodramática chamamos Psiquiatra Terapeuta.

Essa proposta visa uma diferenciação entre as posturas do *Psiquiatra Clínico*, do *Psicoterapeuta* e do *Psiquiatra Terapeuta*.

Entendemos como Psiquiatra Clínico o profissional médico que trabalha com medicações psiquiátricas e se fundamenta nos quadros diagnósticos e nos procedimentos da psiquiatria clínica. Ele opera basicamente com os Diagnósticos Sintomáticos, descritos atualmente no CID-10 da Classificação Internacional das Doenças.

Como Psicoterapeuta, entendemos o profissional com formação em medicina, psicologia ou outra formação básica, e que tenha realizado algum tipo de especialização para trabalhar com os processos de psicoterapia. Essas especializações podem estar ligadas às escolas psicodinâmicas (psicanálise, psicoterapia analítica, gestalt-terapia, análise transacional, psicoterapia Rogeriana, bioenergética, psicoterapia Reichiana, psicoterapia Lacaniana, psicodrama Moreniano, análise psicodramática e muitas outras; ou as de origem comportamental (psicoterapia comportamental, neurolinguística e outras tantas) ou ainda as de origem fenomenológica (psicoterapia existencial e outras).

Esses profissionais utilizam pouco as drogas psiquiátricas e ocasionalmente as drogas fitoterápicas. Quando o cliente necessita de medicação psiquiátrica, o profissional o encaminha para um médico clínico ou para um psiquiatra clínico.

Entendemos e propomos a terminologia Psiquiatra Terapeuta para o profissional médico que, tendo se especializado nos processos psicodinâmicos, passa a fazer psicoterapia e ao mesmo tempo medicar seus clientes, como também medicar clientes de outros psicoterapeutas não médicos. A grande diferença entre o psiquiatra terapeuta e o psiquiatra clínico é que o critério da medicação do psiquiatra terapeuta é baseado nos diagnósticos psicodinâmicos e não nos diagnósticos sintomáticas da psiquiatria clínica.

A PSIQUIATRIA CLÍNICA
– UNIVERSO PSIQUIÁTRICO

O universo da psiquiatria clínica é muito extenso e diversificado. Abrange as doenças mentais, os distúrbios de comportamento e os distúrbios de personalidade. Essas classificações são baseadas no estudo sintomático e orgânico que, como o próprio nome já diz, é calcado no conjunto de sintomas causados pela doença e nas possíveis causas orgânicas a ela associadas.

Esse universo está contido na Classificação Internacional das Doenças, atualmente na sua 10ª revisão, o CID-10. Nela, encontramos, no seu capítulo V, a Classificação de Transtornos Mentais e de Comportamento da CID-10.

Nessa classificação, encontram-se: doenças psiquiátricas com grande comprometimento orgânico, como as degenerações, encefalopatias e lesões cerebrais; doenças com componentes eminentemente psicogênicos e psicológicos, como as neuroses e algumas psicoses; e as doenças mistas, que mesclam fatores psicogênicos e fatores orgânicos, como as doenças psicossomáticas, as resultantes de uso de tóxicos e outras substâncias psicoativas, traumas cerebrais e outras. Nesse capítulo, nossa referência é a postura do psiquiatra e do terapeuta no que diz respeito às doenças psicológicas e às mistas.

É grande a confusão que se estabelece quando se tenta discriminar as fronteiras entre o tratamento psiquiátrico e o tratamento psicoterápico. Essa confusão ocorre não só entre os clientes, mas também com os próprios profissionais que atuam na área. Fica maior ainda quando envolvem quadros mistos, como os distúrbios psicossomáticos e transtornos psíquicos em que existe algum tipo de comprometimento orgânico associado.

O objetivo deste capítulo é lançar algumas referências que utilizamos na análise psicodramática para essa discriminação. A primeira delas é compararmos o enfoque dado pela psiquiatria clínica e pela psicodinâmica em relação aos transtornos psíquicos e o comportamento do indivíduo.

Enfoque da psiquiatria clínica

É um enfoque eminentemente sintomático. Isto é, classificam-se os transtornos psíquicos e de comportamento com base em uma série de sintomas que, agrupados ou até mesmo isolados, acabam por definir um *diagnóstico sintomático*.

Esses diagnósticos sintomáticos da psiquiatria são frequentemente embaralhados entre si, conflitantes e até mesmo ambivalentes, causando, muitas vezes, confusões e até múltiplos entendimentos. Uma evidência dessas confusões é a necessidade crescente de aumentar o número de quadros clínicos e suas intermináveis subdivisões. Para se ter uma ideia do que isso representa basta atentar para o fato de que a Classificação Internacional de Doenças Mentais (CID-9) que apresentava 30 categorias passou para 100 categorias na sua atualização (CID-10).

Verificamos isso também nos debates infindáveis de qualquer reunião clínica para discussão de casos, com resultados frequentemente inconclusivos. Podemos dizer que isso está virando um verdadeiro ¨balaio de gatos¨.

Essa confusão, na maior parte das vezes, está no fato de que o diagnóstico sintomático valoriza demais o sintoma em detrimento das causas que geram esses sintomas. Valoriza o sintoma ou a manifestação orgânica e despreza a psicodinâmica envolvida que muitas vezes é a verdadeira causa.

A valorização exagerada dos sintomas e consequentemente do diagnóstico sintomático acaba gerando um problema de identidade do próprio cliente, o qual se autodefine pelo seu sintoma, no que muitas vezes é encorajado pelo próprio psiquiatra clínico.

Essa autodefinição é um rótulo, que se sobrepõe e até substitui a verdadeira identidade do cliente.

Dessa maneira, tanto o cliente como o psiquiatra acabam valorizando um rótulo em detrimento da identidade.

É bastante comum vermos clientes se autodefinindo como: eu tenho Toc, eu sou Bipolar, eu sou Dependente Químico, eu sou Compulsivo Sexual, eu tenho Síndrome do Pânico, eu sou Depressivo etc. Como se pertencessem a algum tipo de confraria! Esses clientes estão utilizando um rótulo em vez de se preocuparem com a sua identidade.

Como psiquiatra, também observo com frequência falas do tipo: ele é alcoólatra, ele é bipolar, você tem Toc, você tem Síndrome do Pânico, você é compulsivo sexual, você é depressivo e assim por diante. Essa forma de encaixar o cliente em um diagnóstico sintomático desestimula qualquer tentativa de procurar as causas que o levaram a essa situação.

É óbvio que o questionamento que se impõe seja: O que ocorre no psiquismo desse cliente para que tenha necessidade de beber dessa forma? Esse sintoma obsessivo compulsivo está encobrindo que tipo de dinâmica psicológica? O que pode estar gerando uma crise de pânico sem razão aparente nesse cliente? Por que uma alternância tão forte de humor na vida dessa pessoa, mesmo que possa ter algum componente orgânico?

Esse tipo de questionamento demandaria uma procura das causas e da própria identidade do indivíduo. O que quero salientar é que acho imprescindível uma vinculação entre os sintomas e pelo menos um vislumbre das causas psíquicas que levam a eles.

A medicação dos sintomas sem que os vincule com suas causas psíquicas ou agravadoras leva invariavelmente às seguintes situações:

- Rotulação e posteriormente autorrotulação do cliente;
- Maximização do poder do remédio como agente curativo;
- Vinculação de dependência com o remédio e com o psiquiatra.

Rotulação e autorrotulação do cliente: Como mencionado anteriormente, o cliente rotulado passa a não se interessar em procurar as causas psíquicas e intrapsíquicas causadoras de seus sintomas. Passa a creditar esses sintomas a uma enfermidade orgânica que na maioria das vezes é inexistente (doenças basicamente psíquicas) ou pouco significativa (doenças mistas, orgânicas e psíquicas). Isso só é mais verdadeiro para as doenças claramente comprovadas como orgânicas.

Se o cliente não procura as causas geradoras de seus sintomas, ele passa a tentar outro tipo de explicação, que normalmente resvala para o místico ou as mais absurdas racionalizações e justificativas, gerando assim uma Defesa de Racionalização ou de Evitação.

Maximização do poder curativo do remédio: Sabemos que somos seres basicamente bioquímicos e que a maioria de nossas funções psíquicas (pensamentos, sentimentos, percepções e intenções) são mediadas por impulsos elétricos e esses por transformações bioquímicas via transmissores. Podemos alterar essas mesmas funções psíquicas por meio de uma abordagem direta nas alterações bioquímicas, como na administração de drogas psicoativas e medicamentos psiquiátricos. Podemos, ainda, conseguir os mesmos resultados quando identificamos um conflito intrapsíquico, quando o indivíduo sonha, numa técnica de relaxamento profundo, num psicodrama interno ou até mesmo em uma simples conversa; sem nenhuma medicação ou droga.

Acreditamos que uma mudança psicológica pode mobilizar drogas internas, sintetizadas pelo próprio indivíduo, e com isso modificar suas funções psicológicas, assim como a administração de drogas externas podem alterar essas mesmas funções. A grande e vital diferença é que, no primeiro caso, a Consciência e o Eu do indivíduo tiveram (parcial ou total) participação, e no segundo caso não.

A grande importância da Consciência e do Eu do cliente participar do processo é que ele terá uma noção da vinculação entre os sintomas e suas causas. Do contrário, ele pode ter uma melhora, normalmente transitória, mas não houve nenhum acréscimo em sua identidade.

Por outro lado, o grande benefício da medicação é *a diminuição imediata dos sintomas e da angústia atrelada a eles.*

Esse alívio imediato dos sintomas, causado pela medicação, dificilmente pode ser adotado pela psicoterapia nos seus estágios iniciais.

Então surge a interminável discussão: O que é melhor, medicar ou fazer psicoterapia?

A resposta também é complexa, pois os "xiitas" da medicação vão entender que o único caminho é medicar e os "xiitas" da psicodinâmica vão dizer o contrário. Isso sem contar com as inúmeras linhas e abordagens ditas como psicoterápicas, como as esotéricas, naturalistas e existenciais.

No enfoque da psiquiatria clínica, é confiado ao remédio um poder curativo que ele não tem, principalmente nos quadros com maior componente psicológico. Sabemos que na maioria das vezes o remédio apenas tampona os sintomas permitindo que o cliente tenha um tempo livre das angústias para reorganizar suas defesas intrapsíquicas, ou mesmo para mobilizar de maneira mais adequada suas defesas egoicas, ou ainda suportar e ultrapassar os possíveis estímulos geradores da crise. Dessa forma, acabam acreditando que o "remédio o curou", supervalorizando assim o poder do remédio.

Entendemos que não há condições de oferecermos um acompanhamento psicodinâmico para toda a população com sintomas neuróticos, psicóticos ou psicossomáticos, no sentido de pesquisar as causas geradoras desses sintomas. Por outro lado, sabemos que algo poderia ser feito além da simples administração medicamentosa se os psiquiatras clínicos tivessem uma formação mais adequada em psicodinâmica, para que pudessem, pelo menos, vincular os sintomas com as possíveis causas psicológicas, como pretendo sugerir no fim desse capítulo.

Vinculação de dependência do cliente com o remédio e com o psiquiatra: Como já exposto, o psiquiatra clínico, uma vez feito o diagnóstico sintomático, passa imediatamente a fazer a apologia da medicação como se ela fosse a salvação do cliente e o fim de seus sintomas. Dessa maneira, passa a ideia que o remédio resolve os problemas enfrentados pelo cliente e ele, psiquiatra, torna-se o todo-poderoso conhecedor dos mistérios bioquímicos desse remédio.

Dessa maneira, ficam estabelecidos os ingredientes básicos de uma relação de dependência. Temos um cliente angustiado, com uma sintomatologia que ele não conhece e não controla. Temos um psiquiatra que diz que pode resolver essa situação e possui uma droga que fará desaparecer esses sintomas. E temos um remédio, com uma aura mágica, que, quando ingerido, resolverá tudo isso. Esse conjunto estimula no cliente uma relação de dependência do remédio e de seu dono: o médico.

Essa dependência gera uma relação estereotipada na qual encontramos a seguinte situação: de um lado, um cliente queixoso que passa a pedir, clamar, reclamar e até exigir que o psiquiatra e seu remédio mágico resolvam seus sintomas sem se dar conta que ele mesmo é o gerador de seus sintomas. Do outro lado, encontramos um psiquiatra que tenta desesperadamente encontrar justificativas para as queixas do cliente e, ao mesmo tempo, tenta manter a reputação mágica do remédio mudando as dosagens, a forma de administração, a marca do laboratório ou mesmo investindo em um novo remédio com maior poder curativo. Evita, no entanto, reconhecer e pesquisar as causas psicológicas internas daqueles sintomas.

Podemos confirmar essa relação observando um psiquiatra clínico com uma lista enorme de clientes telefonando e queixando-se de mil e um sintomas relacionados com o remédio e um psiquiatra tentando acrescentar, diminuir, explicar ou mudar o horário dos remédios para aplacar essas queixas. É um diálogo que faz que o remédio ganhe o poder de ser o objeto intermediário entre cliente e psiquiatra. É o remédio, e não as causas internas, o foco da conversa entre o psiquiatra e o cliente.

Normalmente, essa relação faz o cliente desacreditar do psiquiatra, mas continuar acreditando no rótulo e no poder do remédio. Ao procurar outro psiquiatra, ele vai confirmar ou modificar, ou ainda acrescentar, novos rótulos para, então, receitar um remédio mais novo, mais potente ou mais moderno (para alegria dos laboratórios) com a garantia que: "desta vez vai funcionar".

E assim inicia-se um novo ciclo da jornada sem fim do cliente indo de psiquiatra em psiquiatra e experimentando os mais modernos remédios mágicos em busca de sua tão almejada cura.

Esse tipo de dependência acontece porque o psiquiatra clínico não faz a ancoragem da Angústia Flutuante na psicodinâmica do cliente.

Lembremos que a Angústia Patológica é resultante de conflitos no mundo interno do cliente, podendo tomar várias formas, tais como internalizada, externalizada, somatizada, projetada nos outros, misturada com os sentimentos, transformada (como nas doenças psicossomáticas) etc.

Uma das piores formas da angústia patológica é quando ela está desconectada (angústia flutuante) da psicodinâmica do cliente. Isso acontece quando o cliente não consegue fazer a mínima ligação entre a angústia sentida e um elo que seja da cadeia psicológica causadora dessa angústia. Chamamos Ancoragem o processo de vincular a angústia sentida com esse primeiro elo da cadeia psicológica causadora da angústia. Quando a angústia fica devidamente ancorada, o cliente se sente mais localizado em relação ao seu quadro sintomático e passa a se observar e a pesquisar em si mesmo as possíveis relações com seus sintomas. Dessa forma, consegue ter uma ideia das possíveis causas de seus sintomas, não mistifica o remédio, mas o encara como um auxiliar de seu caso, nem cria uma dependência tão forte com o psiquiatra. Deixa de vê-lo como um mágico solucionador de seu caso.

Enfoque da psicodinâmica

É um enfoque baseado na psicodinâmica e nas causas psíquicas que desencadeiam os sintomas. Dessa maneira, a abordagem psicodinâmica está sempre relacionada à identificação e ao tratamento dos conflitos intrapsíquicos. A resolução desses conflitos elimina os sintomas. Em comparação com a psiquiatria, o enfoque psicodinâmico é o de não rotular o cliente e sim conscientizar o Conceito de Identidade e a Identidade Total desse indivíduo.

Dessa maneira, vamos encontrar nas escolas psicodinâmicas não mais do que dez patologias. Na Análise Psicodramática, temos sete quadros de psicopatologia, onde podemos enquadrar todas as doenças de origem psíquica e as mistas. Não abordamos as doenças mentais eminentemente orgânicas.

O tratamento psicoterápico age eliminando o quadro sintomático à medida que os conflitos vão sendo trabalhados e elucidados. Podemos dizer que ao desmontar um conflito, o indivíduo fica curado do conflito e dos sintomas a ele acoplados.

Por outro lado, é um processo lento e oneroso, pouco acessível para a população geral, além disso, não apresenta um alívio sintomático imediato como a medicação.

A solução ideal é podermos utilizar a medicação como alívio imediato, sem uma supervalorização do remédio, e proceder com o processo psicoterápico para identificação e desmonte dos conflitos geradores dos sintomas.

Mas o que ocorre muitas vezes é que, durante o processo psicoterápico, o cliente necessita muitas vezes de auxílio medicamentoso para abrandar um sintoma mais exacerbado. É nessa ocasião que o terapeuta (que na maioria das vezes é um profissional da área psicológica e não da área médica) encaminha o cliente para um psiquiatra clínico e, então, está armada a maior confusão!

Essa confusão pode ser entendida da seguinte forma: o cliente de psicoterapia está sendo trabalhado no sentido de identificar os conflitos causadores dos seus sintomas. Para o psicoterapeuta, ele necessita do sintoma como porta de entrada para a pesquisa intrapsíquica. Dessa forma, necessita da medicação para um abrandamento do sintoma, sem a eliminação deste. Além disso, ele necessita que o remédio seja entendido como um auxiliar do processo da psicoterapia.

O psiquiatra clínico vai fazer um diagnóstico sintomático desconectado das causas psicológicas. Ele prescreverá uma medicação para erradicar os sintomas, para isso, vai apresentar o remédio supervalorizado, como fator curativo.

O resultado frequente é acabarmos com dois profissionais com posturas antagônicas, uma sintomatologia suprimida e um cliente confuso e perdido! Sem comentar sobre a frequente hostilidade que existe entre psicoterapeutas e psiquiatras clínicos, cada um supervalorizando o próprio tratamento e desvalorizando o do outro.

Tomemos como exemplo um cliente com síndrome do pânico.

O psiquiatra clínico avaliará uma série de sintomas e se esses sintomas conferirem com um determinado protocolo ele vai dar o diagnóstico sintomático de síndrome do pânico. Esse diagnóstico já pressupõe um tipo de tratamento medicamentoso que para o caso citado é de antidepressivos por um longo tempo, além de algum tipo de tranquilizante. A dosagem vai sendo acertada até que os sintomas desapareçam. As causas psicológicas que desencadearam a síndrome não serão investigadas, e o foco das entrevistas será a linha de apoio.

O psicoterapeuta avaliará esse mesmo caso, começando por pesquisar as causas psicológicas envolvidas no desencadeamento da síndrome. Dentro da análise psicodramática, entendemos a síndrome do pânico como uma quebra brusca do conceito de identidade do indivíduo. Essa quebra faz com que o cliente não mais confie nos seus próprios julgamentos e nem em si mesmo. Isso desencadeia os sintomas do pânico. A pesquisa do terapeuta vai ser dirigida para uma identificação e reformulação da crise do conceito de identidade. Dependendo da necessidade, ele vai se utilizar das mesmas medicações que o psiquiatra clínico, em dosagens menores, e com o cuidado de não suprimir os sintomas, apenas abrandá-los, pois eles constituem a porta de entrada para a pesquisa intrapsíquica. Dessa maneira, vai deixar claro que o remédio não é curativo, mas apenas um auxiliar no processo.

Imaginemos agora que esse mesmo cliente seja tratado por um psiquiatra clínico e por um psicoterapeuta ao mesmo tempo. Uma vez tomando medicações em altas doses ele vai conseguir alívio imediato e o os sintomas desaparecerão, esvaziando assim o processo psicoterápico. Ao mesmo tempo, a insegurança e a não confiança em si mesmo continuam sem assistência, tendo grandes chances de retornarem após a retirada da medicação. Assim, temos um cliente com uma dependência para com o remédio, que passa a representar uma segurança que ele deveria ter no seu conceito de identidade e não no remédio, e um terapeuta confuso sobre como continuar essa terapia sem a porta de entrada do sintoma.

Enfoque da análise psicodramática

O enfoque dado para as doenças psicológicas e as mistas, dentro da análise psicodramática, é o entendimento psicodinâmico. Entendemos o diagnóstico sintomático como um conceito fora de qualquer bom-senso que pode causar até mesmo um prejuízo para o cliente. Não somos contra as medicações psiquiátricas, pelo contrário, vemos com bons olhos a ajuda que os remédios podem dar, desde que na dosagem certa e não como pílulas mágicas supervalorizadas, mas como auxiliares do processo psicoterápico.

Dessa forma, entendemos que:

- O diagnóstico sintomático é um rótulo vazio de significado psicológico, basicamente descritivo e que não acrescenta nada à psicodinâmica do cliente.
- O diagnóstico psicodinâmico inclui os sintomas dentro de um quadro de significados e referências dentro do desenvolvimento psicológico do indivíduo.
- Cabe ao psiquiatra clínico ou ao psicoterapeuta médico estabelecer a ligação entre os sintomas apresentados pelo cliente com a psicodinâmica apresentada por ele. Chamamos isso *processo de ancoragem.*
- Dentro desse enfoque, a medicação psiquiátrica deve ser administrada de modo que *alivie os sintomas, mas não os faça desaparecer totalmente.*
- O verdadeiro objetivo do tratamento é de resolver o conflito intrapsíquico que deu origem aos sintomas e, portanto, a medicação deve ser encarada como um procedimento auxiliar e não curativo. Curativo é a eliminação da causa.

Dentro desse enfoque, criamos o termo *psiquiatra terapeuta.*

O psiquiatra terapeuta é um profissional médico que, diferente do psiquiatra clínico, tem uma formação psicodinâmica suficiente para fazer a ancoragem entre os sintomas apresentados e o diagnóstico psicodinâmico das possíveis causas geradoras dos sintomas, levando em conta o diagnóstico de personalidade e a patologia psicodinâmica apresentada pelo cliente, mesmo que não seja ele o terapeuta desse cliente.

Dessa forma, o psiquiatra terapeuta ou vai medicar seus próprios clientes ou vai medicar clientes encaminhados por colegas não médicos que estejam em processo de psicoterapia. O critério medicamentoso vai ser o mesmo tanto em um caso como no outro. Ao atender um caso enviado por um colega para medicação, o psiquiatra terapeuta vai fazer a entrevista clínica convencional e esclarecer ao cliente que existem causas psicológicas geradoras desses sintomas. Em seguida, vai proceder com o processo de ancoragem (normalmente utilizando técnicas de espelho) dos sintomas com os processos psicodinâmicos. Feito isso, prescreverá a medicação, tendo sempre o cuidado de não eliminar totalmente os sintomas e sim de abrandá-los o suficiente para que o cliente continue com seus afazeres, ao mesmo tempo não esvaziando o processo psicoterápico. Obviamente não vai supervalorizar o poder da medicação e muito menos rotular o cliente. Muitas vezes, precisará de duas ou três entrevistas para concluir esse processo; elas podem acontecer concomitantemente à continuação da psicoterapia.

A medicação na psicoterapia

A medicação na psicoterapia é feita de forma diferente do que na psiquiatria clínica.

O psiquiatra terapeuta não medica, jamais, sem fazer a ancoragem dos sintomas na psicodinâmica, mesmo que não seja um cliente de psicoterapia. Entendemos que o cliente, mesmo não fazendo psicoterapia, ao entender que seus sintomas estão ligados aos seus conflitos, ele mesmo comece a tentar entender sua psicodinâmica, auxiliado pela medicação.

Os remédios utilizados são os mesmos da psiquiatria clínica, porém, sempre em doses mais baixas, a fim de abrandar os sintomas e não eliminá-los completamente. Eliminar os sintomas faz o cliente ficar sem ligação com seu mundo interno.

O psiquiatra terapeuta, mesmo dando um diagnóstico, toma sempre o cuidado de não rotular o cliente. Não supervaloriza o remédio, mas estimula o cliente a procurar desvendar as causas em seu mundo interno. O que fica valorizado são as causas e não os sintomas. Por exemplo, num caso de alcoolismo não vamos valorizar a fato de beber e sim o que leva esse indivíduo a beber, e a causa dessa dependência.

A psicodinâmica da depressão na psicoterapia

Esse é um dos temas mais polêmicos dentro da psiquiatria. Vou descrever aqui os critérios utilizados na análise psicodramática e as respectivas condutas.

Entendemos a depressão como um chamado para um "cara a cara" do indivíduo com seus conteúdos de mundo interno.

Dentro deste enfoque, subdividimos essa psicodinâmica em dois estágios da mesma depressão: *Depressão Neurótica* e *Depressão de Constatação.*

Entendemos como Depressão Neurótica quando existe um chamado para esse "cara a cara" com os conteúdos do mundo interno, porém, existe uma forte resistência de evitação desse contato, com todos os sintomas físicos e psíquicos resultantes disso.

Os sintomas depressivos são os mesmos da psiquiatria clássica: humor deprimido, perda de interesse ou de prazer, fadiga e perda de energia, diminuição da concentração, redução da autoestima, sentimento de inferioridade ou inutilidade, alterações no sono e no apetite etc.

Entendemos a Depressão de Constatação como o resultado do "cara a cara" com os conteúdos internos. A constatação desses conteúdos leva frequentemente à admissão de culpas, arrependimentos, conscientização de perdas e falhas do indivíduo durante sua vida. Voltaremos a esse tema mais adiante.

Sabemos que existem inúmeras depressões com comprometimentos orgânicos importantes, tais como as oriundas do processo de envelhecimento, de processos demenciais, de intoxicação por drogas e álcool, de focos irritativos cerebrais, as produzidas por alterações hormonais da menopausa e a própria Psicose Maníaco Depressiva (PMD), hoje inclusa no diagnóstico bastante amplo do Bipolar. Algumas depressões são de cunho principalmente orgânico, e em outras o comprometimento orgânico funciona como uma lente de aumento da parte psicodinâmica. É o que acontece sobretudo no caso do Bipolar e na Disfunção Sexual Feminina da Menopausa.

Dessa forma, entendemos que o comprometimento orgânico exacerba fortemente a psicodinâmica preexistente. Observamos inúmeros casos em que o tratamento das causas psicodinâmicas diminui sensivelmente o quadro depressivo orgânico.

Depressão neurótica

A conduta do psiquiatra terapeuta é de não medicar imediatamente a depressão neurótica e sim propiciar o processo de ancoramento. Normalmente, utilizamos as técnicas de espelho (principalmente o espelho que retira) e de cenas de descarga, para vincular os sintomas depressivos com os processos psicodinâmicos. Se o cliente estiver entrando em um processo psicoterápico, a conduta é não medicar com antidepressivos, a não ser que a depressão esteja atrapalhando muito a vida desse indivíduo. Nesse caso, é indicada a medicação com os antidepressivos, em doses baixas, para abrandar os sintomas, jamais para suprimi-los.

Se o cliente não for entrar em processo psicoterápico, aconselhamos que, após a ancoragem, ele seja medicado com antidepressivos, com a conscientização de que o medicamento é um recurso paliativo e que seria desejável a pesquisa mais aprofundada das causas.

A medicação deve ser mais abrangente para suprimir os sintomas, porém, deve-se propor um acompanhamento de sessões mensais ou até quinzenais no início, em que o psiquiatra terapeuta continua a trabalhar no sentido de evidenciar, cada vez mais, as causas psicodinâmicas.

A contraindicação dos antidepressivos na depressão neurótica, nos clientes que farão ou estão fazendo psicoterapia, é que a depressão neurótica é um chamado para o "cara a cara" com os conteúdos evitados que estão no mundo interno do cliente. O antidepressivo age "jogando o indivíduo para fora", isto é, distanciando-o de seu mundo interno. Portanto, é um total contrassenso submeter o cliente à psicoterapia (mobilizá-lo para dentro de seu mundo interno e levá-lo ao encontro do seu "cara a cara") e, ao mesmo tempo, medicá-lo com antidepressivo (mobilizando-o para fora de seu mundo interno e evitando esse "cara a cara").

Depressão de constatação

A depressão de constatação é o resultado do "cara a cara" do indivíduo com os conteúdos evitados de seu mundo interno. É um processo doloroso, porém, saudável.

Consideramos que a depressão de constatação é a verdadeira cura da depressão neurótica. É um dos resultados desejados de um processo de psicoterapia, principalmente quando existe uma queixa de sintomas depressivos. Na depressão de constatação, não vamos encontrar os clássicos sintomas depressivos da psiquiatria clínica.

Ao constatar seus conteúdos evitados, o cliente vai entrar em contato com uma série de vivências que ele sofreu ou fez os outros sofrerem enquanto estava neurótico ou psicótico.

Ele constatará seus sentimentos mais torpes e mesquinhos, seus pensamentos mais condenáveis, suas atitudes mais controvertidas, egoístas e arrogantes, suas percepções mais distorcidas e injustas e muito mais. Entrará em contato com quantas situações foi conivente e que não deveria ter sido, quantas atitudes foram tomadas e que, aos olhos de hoje, eram as incorretas, ridículas ou equivocadas. Perceberá quantas vezes foi vítima de pessoas que acreditava serem amigas e conselheiras e quantas vezes ele próprio foi o carrasco, que magoou e agrediu os outros, de forma consciente ou até deliberada. Enfim, constatará enganos, desencantos, injustiças, perdas, maledicências, falsidades, crueldades, preconceitos, discriminações e tantas outras coisas a que foi submetido e que também submeteu os outros, muitas vezes em nome do certo ou do errado.

Tudo isso vai gerar culpa, arrependimento, perdas irreparáveis de oportunidades da vida, tristezas e mágoas profundas, amores desperdiçados e ódios descarregados. São vivências difíceis de superar porque ficaram no passado, já foram realizadas, e o prejudicaram ou prejudicarão a outros como: pais, filhos, amados, amadas, amigos, chefes, subalternos etc.

Por isso mesmo é que o psiquismo luta tanto para evitar o "cara a cara" que, enquanto não é feito, fica intoxicando e aterrorizando o Eu do indivíduo, produzindo os sintomas da depressão neurótica.

Podemos dizer que a depressão de constatação é feita de arrependimento real, culpa real e perdas reais, difíceis ou até mesmo impossíveis de serem reparadas É uma conscientização penosa e, ao mesmo tempo, aliviada, pois o indivíduo pode enfim parar de fugir e finalmente encarar seus fantasmas interiores.

Muitas vezes essas constatações são tão pesadas que o indivíduo deprime-se fortemente. É aqui que encontramos a real e verdadeira indicação da medicação antidepressiva.

Após a depressão de constatação, a medicação antidepressiva auxilia muito o cliente a conseguir suportar e até mesmo reparar, dentro do possível, todas essas situações dolorosas.

Dizemos que o antidepressivo, ministrado na depressão neurótica, dificulta o contato com o mundo interno e, dessa forma, dificulta a própria cura da depressão, embora reconheçamos que, muitas vezes, ele é necessário pela própria situação do indivíduo. Dizemos, ao mesmo tempo, que o antidepressivo ministrado na depressão de constatação auxilia a recuperação do indivíduo e, dessa forma, colabora com a própria cura.

Depressões mistas: Componentes psicológicos e orgânicos

Convém lembrar que nas depressões em que existe um componente orgânico acoplado, esse funciona como uma lente de aumento dos distúrbios psicológicos envolvidos.

Temos depressões cujo componente orgânico é tão intenso, como as de origem demencial, que o componente psicológico passa a ser considerado irrisório. Ao passo que, em outras, o componente orgânico aumenta bastante os distúrbios psicológicos, como nos transtornos bipolares.

As depressões cujo componente orgânico é muito intenso, os fatores psicológicos ficam em segundo plano e, nesses casos, são necessárias medicações neurológicas e eventualmente algumas medicações psiquiátricas, tais como neurolépticos e hipnóticos. São casos mais da alçada dos neurologistas e psiquiatras clínicos, e não de terapeutas.

Já as depressões cujo componente orgânico não é tão intenso, como nos bipolares, o tratamento psicoterápico, com o tratamento medicamentoso, é de grande ajuda. Tanto pode ser feito por uma associação entre o psiquiatra clínico e o terapeuta, como pelo psiquiatra terapeuta. Nestes casos, a abordagem psicoterápica é a mesma para qualquer tipo de psicoterapia.

A psicodinâmica da síndrome do pânico

Temos aqui outro tema polêmico entre terapeutas e psiquiatras. O diagnóstico sintomático da síndrome do pânico enfatiza uma série de sintomas que, melhor observados, são encontrados em quase todas as situações de pânico que um indivíduo venha a enfrentar.

Dentro da psicodinâmica da análise psicodramática, vemos a síndrome do pânico como:

Uma quebra mais ou menos brusca do Conceito de Identidade de um indivíduo. Lembremos que o conceito de identidade é a referência psicológica do indivíduo, na sua relação com o mundo que o rodeia. É o conjunto de crenças desse indivíduo e é o seu "chão psicológico". O rompimento do "chão psicológico" do conjunto de crenças deixa-o sem uma estrutura de referência, e o pânico é a sua consequência.

Mas existem muitas outras formas de pânico que apresentam sintomas semelhantes e até mesmo iguais aos da síndrome do pânico, mas com uma psicodinâmica totalmente diferente.

Um deles é o pânico ligado às fobias. Fobia de barata, de rato, de insetos etc. Esse tipo de pânico é ligado ao mecanismo de defesa do deslocamento, que na análise psicodramática está localizado dentro das defesas conscientes.

Outros pânicos são derivados de psicodinâmicas mais específicas, tais como os de opressão e de sufocamento (claustrofobias), perda de contorno e de angústia de absorção (agorafobias), fobias de descontrole (fobias de altura, de se perder), fobias de agressão e confronto, de desproteção (fobia de sair de casa), fobias de água (ser engolido), fobias de viajar de avião e inúmeras outras. Esse tipo de pânico tem uma característica em comum: em todos eles existe uma ameaça como foco do pânico.

Essa é a grande diferença da psicodinâmica entre a síndrome do pânico e os outros pânicos:

*Na síndrome do pânico não existe uma ameaça como foco desenca-
deador do pânico. O foco desencadeador é o indivíduo não acreditar em
si mesmo. É não encontrar, dentro de seu mundo interno, referências
psicológicas confiáveis. Ele não consegue se apoiar em si mesmo.*

*Nos outros pânicos, tanto nos deslocamentos como nos pânicos aco-
plados em psicodinâmicas específicas, sempre existe uma ameaça externa, como foco desencadeador do pânico.*

Tratamento da síndrome do pânico

Como já dito anteriormente, o tratamento clínico da síndrome
do pânico é feito pela administração de antidepressivos, em doses
altas, até que os sintomas desapareçam. Entendemos que esta forma
é paliativa e não curativa, na medida em que o antidepressivo faz
que o indivíduo se volte para fora e com isso se afaste de seu mundo
interno, onde está a quebra do conceito de identidade e a falta de
referência. O antidepressivo, ministrado por um longo tempo, acaba permitindo que este indivíduo reformule por conta própria o seu
conceito de identidade ou instale defesas psicológicas, suficientemente fortes para a retirada da medicação. Notamos, no tratamento
clínico, a supervalorização do remédio e a tendência de se rotular da
seguinte maneira: eu tenho pânico.

Entendemos como tratamento a reformulação do conceito de
identidade e a estruturação das referências internas do indivíduo.
Para isso, necessitamos que o cliente estabeleça e mantenha contato
com seu mundo interno e com toda a insegurança e falta de referência que lá se encontra. Isso se faz com um processo de psicoterapia
que pode ser auxiliado ou não pela medicação.

Utilizamos os ansiolíticos como medicação de escolha, na medida em que estes não distanciam o cliente de seu mundo interno,
muito pelo contrário, até proporcionam a calma necessária para ele

aguentar os sintomas. Utilizamos os antidepressivos sempre em dose suficiente apenas para abrandar os sintomas, sem eliminá-los. O antidepressivo está indicado quando o cliente não está conseguindo exercer suas funções habituais em decorrência da sintomatologia muito exacerbada.

Uma vez reorganizado o conceito de identidade e reformulado o conjunto de crenças, o "chão psicológico" desse cliente é restabelecido e com ele as novas referências ficam estruturadas. A sintomatologia vai abrandando no decorrer desse processo até desaparecer por completo. Consideramos isso como cura da síndrome do pânico.

2. Distúrbios funcionais

VIRGÍNIA DE ARAÚJO SILVA

O conceito sobre os Distúrbios Funcionais foi apresentado por Victor Dias em 2006, no volume I da coleção *Psicopatologia e Psicodinâmica na Análise Psicodramática.*

Neste livro, Victor Dias amplia sua teoria sobre os Mecanismos de Defesa do Psiquismo e acrescenta um novo mecanismo que denomina Distúrbio Funcional.

Ele vem desenvolvendo a compreensão teórica dessa defesa e diferenciando-a da defesa conversiva e da defesa de somatização. Compreende os distúrbios funcionais e as somatizações como defesas somáticas que se manifestam pelos sintomas físicos, mas com etiologias diferentes. E a defesa conversiva, como uma defesa intrapsíquica que também se manifesta por sintomas físicos.

Considero esse capítulo um segundo ensaio sobre o tema, no sentido de que este fenômeno ainda está em fase de estudos. Não se encontra referências em outras abordagens terapêuticas, o que nos leva a aprofundar a compreensão sobre os distúrbios funcionais a partir das observações clínicas. Aliás, quero ressaltar que é este o caminho percorrido pelo autor da teoria da Análise Psicodramática: o ponto de partida é a leitura do fenômeno clínico e o ponto de chegada é a sistematização teórica do fenômeno que foi observado. Estamos mais ou menos no meio do caminho no que diz respeito ao detalhamento dos sintomas englobados nos distúrbios funcionais.

São sistematizados como distúrbios funcionais os seguintes mecanismos:

1. A utilização do papel psicossomático, como forma de descarga dos conflitos, no lugar do papel psicológico.
2. As ações de segunda intenção (conceito de vicariância de Rojas Bermúdez).

O objetivo deste capítulo é o de detalhar os principais distúrbios funcionais relativos à utilização do papel psicossomático no lugar do modelo psicológico. Além disso, a intenção é ampliar o conceito de vicariância que significa *a utilização dos modelos psicológicos saudáveis para fazer a função do modelo psicológico comprometido. Por exemplo, utiliza-se do modelo de urinador (saudável) para fazer a função do modelo de ingeridor (comprometido);* para o conceito mais amplo das ações de segunda intenção.

Distúrbio Funcional – Utilização do Papel Psicossomático no Lugar do Modelo Psicológico

Este mecanismo de defesa, de origem psicogênica, é compreendido como uma forma do psiquismo descarregar o conflito intrapsíquico, e sua correspondente angústia patológica, pela via somática, sem que o Eu Consciente entre em contato com esses conteúdos descarregados. Dessa maneira, o conflito – constituído de material excluído – e a angústia patológica decorrente do conflito são descarregados pelo papel psicossomático, sem que o Eu Consciente entre em contato. Isso satisfaz a conceituação de Mecanismo de Defesa da análise psicodramática onde reza o seguinte conceito: "Entendemos como Mecanismos de Defesa do Psiquismo os sintomas, condutas e procedimentos que o psiquismo adota de forma consciente ou não consciente para evitar o contato entre o Eu Consciente e o Material Excluído, seja ele de 1ª ou 2ª zona de exclusão" (Dias, p. 2006, 70).

Portanto, Distúrbios Funcionais: "São sintomas, comportamentos e condutas que o indivíduo apresenta de forma pouco consciente e não deliberada, de modo que evite o contato com o material excluído e, ao mesmo tempo, descarregue as tensões decorrentes dessa exclusão. É uma vazão de forma inadequada, mas que viabiliza (com os recursos psíquicos disponíveis) as funções psicológicas bloqueadas, dando-lhes a devida descarga, sem o contato com o Eu Consciente" (Dias, 2006, p. 71).

Podemos entender que, como mecanismo de defesa, o distúrbio funcional cumpre seu papel de forma eficiente. Ele também funciona como uma tentativa de autocura do próprio psiquismo, pois, embora de forma inadequada, o conflito e a angústia patológica foram descarregados.

Ele descarrega o conflito e a angústia, mas não resolve esse mesmo conflito porque a descarga deu-se pela via somática e o indivíduo não tomou consciência de qual era o conflito. Portanto, esse conflito é descarregado, mas não pode ser abordado no território psicológico.

Embora a angústia patológica seja evitada, o distúrbio funcional gera constrangimentos, aflições, desconfortos e mesmo angústias circunstanciais. Tomemos como exemplo gagueiras, impotência sexual psicogênica, diarreias, bulimias, anorexias etc.

Sem o conhecimento do distúrbio funcional como mecanismo de defesa do psiquismo, o terapeuta encontrará sérias dificuldades para manejar essas situações. Isso porque, ao mobilizar essa defesa, o cliente nos relata uma série de queixas, dele próprio, ou dos que com ele convivem, focadas nos sintomas físicos, mas sem os devidos conflitos, sem a psicodinâmica e sem a angústia patológica que deveria acompanhar esses sintomas. A angústia presente é apenas circunstancial por causa da inadequação que os sintomas acarretam, e não gerada pelos conflitos intrapsíquicos.

Entendemos que a informação psicológica relativa aos conflitos psíquicos está ausente, mas a psicodinâmica está presente na própria informação somática ou na sintomatologia física apresentada.

Decodificamos essa informação somática como: o Não somático ou o Sim somático que estão substituindo o Não psicológico ou o Sim psicológico.

Numa anorexia nervosa, por exemplo, o Não somático está sendo dito como 'eu não vou mais engolir essa comida', que está substituindo o Não psicológico 'eu não vou mais engolir *sapos*'. Numa impotência sexual psicogênica o Não somático está sendo dito como 'eu não vou transar com essa mulher porque não consigo ter uma ereção', que está substituindo o Não psicológico 'por razões diversas eu não quero transar com essa mulher'. Numa diarreia psicogênica, o Sim somático está sendo dito como 'recebi uma recusa, mas não me importei, só tive crises de diarreia' que está substituindo o Sim psicológico que seria 'recebi uma recusa e senti e exteriorizei toda a minha revolta'.

Com base no diagnóstico do não e do sim somático, ao substituir o não e o sim psicológico, torna-se evidente a estratégia terapêutica. Ela consiste em trazer para o psicológico a dinâmica presente na informação somática e, assim, direcionar as sessões de psicoterapia para que o cliente consiga descarregar no psicológico aquilo que está sendo descarregado no somático.

A partir dessa leitura, afirmamos que todos os distúrbios funcionais são de origem psicogênica, portanto, sem nenhuma causa orgânica, metabólica, endócrina ou genética.

Observamos, com base na fisiopatologia, que os distúrbios funcionais manifestam-se em grande parte dos sistemas do organismo. Os mais frequentes, até então observados na clínica, são relativos ao Sistema Digestivo e ao Sistema Geniturinário.

DISTÚRBIOS FISIOLÓGICOS DO SISTEMA DIGESTIVO

O aparelho digestivo ou digestório tem dois componentes principais: o canal alimentar ou trato gastrintestinal e os órgãos acessórios. O canal alimentar é um tubo muscular oco que começa na boca e termina no ânus. Inclui a cavidade oral, faringe, esôfago, estômago, intestino delgado e intestino grosso. Os órgãos acessórios incluem glândulas salivares, fígado, vesícula biliar e pâncreas.

De acordo com a psicodinâmica funcional, dividimos os distúrbios do Sistema Digestivo em:

1. Disfunções Digestivas.
2. Disfunções Alimentares.
3. Disfunções Intestinais.

No que diz respeito ao conceito de distúrbio funcional apresentado, podemos, de forma geral, correlacionar as disfunções digestivas e alimentares ao papel psicossomático de ingeridor, e as disfunções intestinais ao papel psicossomático de defecador. Decidimos agrupar a sintomatologia presente nos distúrbios funcionais, com base na leitura psicológica da informação somática presente nos sintomas.

Disfunções digestivas

Como já dito anteriormente, os distúrbios funcionais se manifestam por meio da utilização do Papel Somático no lugar do Modelo Psicológico. No caso dos distúrbios funcionais digestivos, o papel psicossomático em questão é o do ingeridor.

Lembremos que o papel psicossomático de ingeridor vai vincular o papel somático de ingeridor (função incorporativa concreta de comer, beber, morder, engolir e deglutir) com o modelo psicológico de ingeridor (incorporar conteúdos externos do tipo afetos, aprendizados, atitudes, modelos etc., para o mundo interno). Tudo isso acontecendo dentro do binômio *Dar* e *Receber*.

No decorrer do desenvolvimento, mais precisamente após o advento de aura de ingeridor, o modelo psicológico inicia o desvinculamento do papel somático do ingeridor. Em outras palavras, o incorporar psicológico passa a se desvincular do incorporar somático, restando como ponte entre eles o papel psicossomático: incorporação concreta (comer) no lugar da incorporação psicológica (receber no psicológico).

Podemos dizer que o modelo psicológico é o modelo responsável pelo 'comer psicológico' e funciona como base para todos os processos incorporativos psicológicos na dinâmica do binômio Dar e Receber.

Discorro sobre esse fenômeno já tão conhecido para fundamentar a psicodinâmica, presente nessa forma de distúrbio funcional.

O Sim ou o Não psicológico – e, portanto, o receber psicológico – é aqui substituído pelo Sim ou Não somático – e, por conseguinte, receber e engolir comida.

Os principais distúrbios funcionais do sistema digestivo, e até o momento diagnosticados, são: *vômitos, náuseas, disfagias, soluços e eructações, todos eles psicogênicos.*

VÔMITOS E NÁUSEAS PSICOGÊNICOS

A literatura médica consultada classifica os sintomas de vômitos e náuseas como manifestações de outros distúrbios, tais como as emergências abdominais, as infecções intestinais, a insuficiência cardíaca, o infarto do miocárdio, os distúrbios metabólicos e endócrinos ou ainda os efeitos colaterais de inúmeros medicamentos. Também classifica como sintomas de origem psicogênica, resultante de distúrbios emocionais ou psicológicos (Gomes, p. 336). Está claro que o distúrbio funcional deve ser diagnosticado pela sua psicodinâmica envolvida após serem descartadas as possíveis causas orgânicas.

O vômito psicogênico expressa a informação psicológica assim decodificada:

Incorporo (deixo entrar), mas uma vez lá dentro, não aceito o conteúdo incorporado (rejeito).

Em outras palavras, o indivíduo 'engole os sapos', que representam conteúdos indigestos psicológicos do mundo externo, mas de verdade não quer ou não pode digeri-los (quaisquer que sejam as causas) e manifesta a sua rejeição no papel psicossomático: vomita!

Está claro que essa rejeição não é aceita pelo eu consciente, e não pode ser feita no âmbito psicológico. Uma vez que não pode utilizar-se do Não psicológico, o psiquismo lança mão do Não somático.

A informação somática presente no vômito psicogênico é o Não somático do tipo: não quero ou não posso absorver esses conteúdos que foram incorporados, por isso estou rejeitando-os!

A pesquisa na psicoterapia tem três grandes vertentes:

- Esse NÃO somático é dirigido para alguma figura de mundo interno?

- Qual é o conteúdo psicológico que está vinculado a esse NÃO somático?
- Qual é o bloqueio que impede a utilização do NÃO psíquico?

A náusea e o enjoo psicogênico, sensação do impulso de vomitar, apresentam uma psicodinâmica semelhante ao do vômito. Elas podem aparecer de forma independente do vômito, ou precedê-lo.

A presença da náusea e do enjoo psicogênico pode ser decodificada como uma situação de conflito, expresso de forma somática, com os conteúdos psicológicos incorporados do mundo externo. Como já vimos, esse conflito não pode ser abordado pelo Eu Consciente e, assim, o psiquismo acaba utilizando o NÃO somático em vez do NÃO psíquico.

A pesquisa na psicoterapia será:

- Esse conflito está dirigido a figuras de mundo interno?
- Que tipo de conteúdo psicológico forma esse conflito, expresso de forma somática?
- Por que o conflito não pode ser conscientizado?

Disfagia - dificuldade de deglutição

Do ponto de vista orgânico, pode ser causada por uma obstrução mecânica do esôfago ou por alterações na motilidade do esôfago por inúmeros outros distúrbios.

A informação somática decodificada nesse distúrbio funcional é: 'come, mas não engole'!

Em outras palavras, o indivíduo incorpora o conteúdo externo psicológico, mas existe uma ressalva qualquer que não pode ser identificada no psicológico. Dessa forma, o Não somático é acionado para que esse conteúdo não entre (impede a deglutição). O "sapo" fica preso na garganta.

Soluço e eructação psicogênica

É uma sequência contínua de soluços ou eructações.

A decodificação somática pode ser resumida como um impasse. Existe uma tendência de sair, pôr para fora, e uma contrarreação de engolir, pôr para dentro.

Entendemos que esse impasse ocorre entre uma série qualquer de conteúdos internos, impedidos de se tornarem conscientes. Dessa forma, a reação somática do distúrbio funcional mantém esse impasse. O conflito ocorre se o indivíduo quiser sair do impasse, dessa maneira, mantendo o impasse é possível manter esse conflito sob controle.

Disfunções alimentares

As principais disfunções alimentares são: Não Comer e Comer em Excesso.

Os quadros de Anorexia e Bulimia (denominação da psicopatologia psiquiátrica) serão aqui discutidos sob o ponto de vista psicodinâmico, ou seja, com base na leitura psicológica da informação somática presente no sintoma.

Não comer

A recusa sistemática em Não Comer, com base no conceito de distúrbio funcional apresentado, tem como dinâmica central o Não somático (eu não vou deixar entrar mais comida, só aceito determinadas comidas), que está substituindo o verdadeiro não que é o Não psicológico (eu não vou mais engolir "sapos"). Mas o que significa engolir sapos no aspecto psicodinâmico?

Entendemos que esses sapos representam conteúdos externos que foram incorporados, vinculados ao clima inibidor (no caso de materiais da 1ª zona de exclusão) ou vinculados a dinâmicas de imposição superegoica (materiais de 2ª zona de exclusão).

Encontramos inúmeras dinâmicas como causa psíquica do Não somático: Eu não quero, me recuso a aceitar o 'leite azedo' (leite vinculado ao clima inibidor) ou não aceito comer 'comida estragada' (comida vinculada ao clima inibidor). São dinâmicas da fase cenestésica (1ª zona). Assim como vamos encontrar dinâmicas de 2ª zona, como: Não para rejeição, Não para controle externo, Não para imposição, Não para humilhação, Não para cobrança, Não para hostilidade etc.

A partir dessa leitura só podemos entender que a postura no Não somático é saudável, e que disfuncional é esse não estar direcionado para a comida e nem para os conteúdos psicológicos incorporados contra a vontade. O Não somático substituindo o Não psicológico. O elemento tóxico não é a comida, é o clima psicológico ou os conteúdos psicológicos que estão associados ao Receber.

Hoje em dia observamos com frequência cada vez maior, crianças mobilizando defesas somáticas, tanto distúrbios funcionais como defesas de somatização. São informações colhidas em terapias de pais adultos. É interessante notar, no caso dos distúrbios funcionais, que a conduta terapêutica de esclarecimento para os pais e principalmente para as mães, da função do Não somático da criança e identificação da dinâmica interna da mãe (cliente), no binômio Dar e Receber, muitas vezes é suficiente para resolver ou abrandar esses sintomas.

Nestes casos, o rótulo clínico de Anorexia não contribui em nada, pelo contrário, tem um efeito iatrogênico, na medida em que intensifica a angústia dos pais e a relação patológica fica deslocada para a comida e não para a dinâmica psicológica do Dar e Receber.

Dedico um tópico especial à Anorexia e Bulimia, simplesmente para reforçar e diferenciar o conceito e a estratégia psicoterápica da Análise Psicodramática. Logo no início a diferença conceitual é significativa, o que determinará a condução do tratamento de forma diferente.

Entendemos a Anorexia e a Bulimia não como quadro psicológico específico, mas como um Distúrbio Funcional, portanto, como um mecanismo de defesa somático, que se manifesta por meio dos seguintes sintomas: recusa em comer ou comer em excesso ou autoindução do vômito.

A psicopatologia psiquiátrica compreende a Anorexia e a Bulimia como transtorno alimentar psiquiátrico, portanto, um quadro psicopatológico e não um mecanismo de defesa como na Análise Psicodramática.

Deixo claro que não compreendemos a Anorexia e a Bulimia como uma síndrome específica, nem um transtorno de personalidade, mas como um dos mecanismos de defesa do psiquismo: a utilização do papel psicossomático no lugar do modelo psicológico.

Como a patologia estrutural é decorrente, no nosso entender, do modelo psicológico bloqueado, o distúrbio funcional pode se manifestar em qualquer um dos quadros patológicos: neuróticos, bordelines, esquizoides ou psicóticos.

Em termos médicos, a Anorexia e a Bulimia nervosa são diagnosticadas, hoje, como transtorno psiquiátrico sem nenhuma causa orgânica, metabólica ou genética.

As recentes pesquisas demonstram que existe uma considerável ligação entre os dois transtornos, no sentido de que a Anorexia pode dar lugar à Bulimia, ou, então, a pessoa pode apresentar episódios intermitentes de anorexia e bulimia.

Fato que corroboramos na Análise Psicodramática, de acordo com a observação do fenômeno clínico e principalmente na compreensão teórica apresentada, Anorexia e Bulimia, ambas no aspecto dinâmico, acontecem dentro do binômio Dar e Receber, a partir de incorporação de conteúdos externos (modelo do ingeridor).

Psicodinâmica da anorexia

Basicamente, observamos duas dinâmicas que estão presentes na decodificação da informação somática:

1. Não somático: Como recusa em comer. Ligado, genericamente, à recusa em receber, não deixar entrar (veja o tópico anterior *Não comer*).

2. Não somático: Muitas vezes ele está ligado a uma dinâmica mais abrangente que é a recusa em dar continuidade ao processo de desenvolvimento e crescimento. O não comer é a maneira de impedir o corpo de crescer. Na menina, o corpo não muda de forma, não menstrua, e não desperta atração sexual gerada pelos hormônios da puberdade. Ou, o que é mais comum, esse não somático pode apresentar o propósito de reverter o desenvolvimento da puberdade e fazer o corpo retornar ao estado pré-púbere.

As mudanças no corpo físico são reversíveis (depósito de gordura nos seios, quadris, nádegas e coxas), assim como o ciclo menstrual pode ser interrompido como consequência do estado de subnutrição. Nestes casos, o Não Somático pode ser decodificado como Um Não Psicológico para o corpo de mulher, para a sexualidade e muitas vezes até para as responsabilidades do mundo adulto.

Esses sintomas são resolvidos pelo processo de psicoterapia, quando identificamos a causa psicológica do Não, no sentido de 'O cliente está dizendo Não para quê? Ou para quem?'

Em outras palavras, o Não Somático, uma vez identificado, passa a funcionar como o Não Psicológico, este sim, plenamente abordável pela psicoterapia.

COMER EM EXCESSO

Como distúrbio funcional, os episódios de ingestão de comida em excesso estão associados ao núcleo de voracidade. O Sim Somático direcionado para a comida pode assim ser decodificado: 'o que recebo é pouco, é insuficiente, quero mais e muito mais, não consigo ficar satisfeita'. Fica sempre com a sensação de falta e de insatisfação.

A voracidade é decorrente da sensação basal de insatisfação e acarreta a ideia e a conduta de que precisa receber mais para conseguir ficar satisfeita. O receber somático significa comer mais, comer de forma voraz, comer algo diferente. Dessa forma, o cliente vai acreditar que ingerindo mais comida vai conseguir descarregar a tensão advinda das faltas psicológicas que causaram a sensação de insatisfação. A utilização do papel psicossomático manifesto pelo Sim Somático recorrente, de fato, descarrega a angústia patológica e o conflito psicológico, mas a sensação de insatisfação continua presente. Daí decorre a conduta voraz em relação à ingestão de comida.

Como vimos, a consequência direta de todo distúrbio funcional é que o conflito descarregado no somático acaba por não mais se manifestar no psicológico. Dessa maneira, a pesquisa interna sobre as causas da falta e da insatisfação fica bloqueada. O cliente acaba trazendo para a terapia a angústia circunstancial das consequências para a saúde e para a estética. A angústia patológica é descarregada pelo papel psicossomático e fica mobilizada nas pessoas que convivem com esse indivíduo.

O diagnóstico diferencial é importante para esses casos, porque podemos encontrar quatro dinâmicas responsáveis pelo comportamento de comer em excesso.

1. Distúrbio Funcional: O comer em excesso decorre da função de descarregar o conflito e a angústia patológica pelo papel somático de ingeridor.

2. Dinâmica de Dependência: O comer em excesso decorre de um Vínculo Compensatório com a comida. O comer passa a ser a forma de resolver a Função Delegada de Ingeridor (cuidado e proteção).
3. Dinâmica Compulsiva: Aqui, o comer em excesso está ligado a uma Figura Permissiva interna de mundo, encoberta por uma Divisão Interna Corporificada.
4. Dinâmica Substitutiva e Deslocamento: O comer em excesso passa a compensar algum tipo de privação (sexual, afetiva, social, profissional etc). Com o tempo, ocorre o deslocamento, ou seja, o cliente deixa de sentir a privação original e sente somente a vontade de comer.

Observe que o sintoma de comer em excesso pode estar vinculado a diversas psicodinâmicas, razão pela qual a terapia focada no sintoma torna o tratamento pouco eficiente.

Psicodinâmica da bulimia

Este distúrbio funcional apresenta duas dinâmicas associadas:

1. Dinâmica de Voracidade: Representada pelo Sim Somático, presente nos episódios recorrentes de ingestão exagerada de comida.
2. Dinâmica de Proibição: Representada pelo Não Somático como proibição interna de reter o conteúdo recebido. O cliente, por razões ditadas pelo seu mundo interno, está proibido de usufruir o conteúdo que recebeu e devolve-o, pela via somática, induzindo o vômito ou utilizando-se de laxantes e diuréticos.

Esta proibição é decorrente da sensação de que não pode ou não merece usufruir. Provocar o vômito ou a diarreia significa, na leitura psicológica, devolver o que recebeu, devolver o "presente" que ganhou.

Essa dinâmica central pode ser representada por duas forças opostas em conflito: *Voracidade x Proibição*.

A proibição interna acontece em função da psicodinâmica subjacente. A pesquisa na terapia é que vai esclarecer se a dinâmica de proibição principal é: não posso, não me autoriza-não mereço ou não me sinto merecedor de usufruir, e se o impedimento é de culpa, medo, crítica, não merecimento, medo de inveja ou muitos outros.

O objetivo da psicoterapia dos clientes com sintomas de Anorexia e Bulimia é evidenciar a dinâmica psicológica encoberta para desmobilizar a defesa somática. Podemos dizer que esses sintomas informam sentimentos de intensa rejeição, revolta, indignação, medo, entre outros, em relação a determinadas figuras de mundo interno ou a determinadas situações de vida.

No decorrer da terapia, o manejo correto dessa defesa possibilita o desbloqueio gradativo do modelo psicológico e como consequência o Eu consciente entra em contato com o material conflitado e torna-se possível promover a descarga da tensão pela via psíquica. A partir desse momento, o tratamento do cliente continua a sequência normal do processo de terapia.

O conceito da anorexia e da bulimia como distúrbio funcional é, ao nosso ver, de fundamental importância para nortear o terapeuta em relação àquilo que é essencial pesquisar na fase inicial da terapia.

O resultado dessa pesquisa é trazer tanto o Sim como o Não somático envolvido para suas correlações psicológicas e, então, seguir o curso normal da terapia.

Disfunções intestinais

Em relação à fisiopatologia, as disfunções intestinais fazem parte do Sistema Digestivo, especificamente os distúrbios relativos ao intestino delgado e ao intestino grosso.

No caso dos distúrbios intestinais, o papel psicossomático em questão é o de defecador.

O papel somático de defecador está ligado a uma série de sensações de surgimento, oposição, descarga motora e perda (deposição). Vinculado ao papel somático, temos o desenvolvimento do modelo psicológico de defecador, com o mecanismo de criação e elaboração de conteúdos internos (entrar em contato com os conteúdos internos) e expressão e comunicação de conteúdos internos (pôr para fora os conteúdos internos). Após a formação da aura de defecador, inicia-se o processo de desvinculação do papel somático de defecador do modelo psicológico de defecador, ficando o papel psicossomático de defecador como uma ponte entre ambos.

Nos distúrbios funcionais intestinais ocorrerá uma substituição do mecanismo psicológico de entrar em contato com os conteúdos internos (criar e elaborar) e de colocá-los para fora (expressar e comunicar), por meio de seus correspondentes somáticos sentir e entrar em contato com seus movimentos intestinais (surgimento e oposição), e de pôr para fora fezes ou gases (expressão e comunicação).

Aqui também vamos ter o Sim e o Não psicológico para o "entrar em contato" e o "deixar sair" os conteúdos internos (sentimentos, pensamentos, percepções e intenções) substituídos pelo Sim e pelo Não somático. Essa é a psicodinâmica dos distúrbios funcionais intestinais.

Não podemos esquecer que o distúrbio funcional é um mecanismo de defesa do psiquismo, e também que ele tem a função de descarregar o conflito e a angústia patológica sem o contato com o Eu consciente.

Dessa forma, se a via psicológica está impedida, o psiquismo lança mão da via somática para tal descarga.

Os principais distúrbios funcionais intestinais diagnosticados até o momento são: diarreias, flatulências e constipações intestinais psicogênicas e encoprese psicogênica.

Diarreia psicogênica

É um aumento da fluidez ou do volume das fezes e da própria frequência das defecações. A diarreia é, em geral, causada por uma motilidade intestinal excessiva. Na literatura médica, ela é descrita como sintoma de várias patologias orgânicas. "Também pode ser causada por estimulação parassimpática do intestino, provocada por fatores psicológicos, como medo e estresse" (Gomes, p. 333).

A psicodinâmica envolvida na diarreia psicogênica pode ser descrita da seguinte forma: um indivíduo tem uma série de conteúdos internos (sentimentos, pensamentos, opiniões, intenções, percepções etc.) com os quais ele deveria entrar em contato (conscientizar-se) e eventualmente expressá-los e comunicá-los, mas está impedido, por algum motivo, de fazer tudo isso pela via psicológica. Ele não pode entrar em contato psicológico e isso é uma fonte de conflito e de angústia patológica.

O psiquismo resolve esse problema, utilizando o Sim somático e o papel psicossomático. O indivíduo entra em contato com seus conteúdos internos, sentindo cólicas e movimentos intestinais, e descarrega esses conteúdos em forma de diarreia.

Desse modo, o Sim psicológico que se traduz em criar e elaborar esses conteúdos (entrar em contato) e expressar e comunicar esses conteúdos (pôr para fora), foi substituído pelo Sim somático, ou seja, sentir as cólicas (entrar em contato) e ter crises de diarreia (pôr para fora).

A pesquisa na psicoterapia será:

- Esse Sim somático é o enfrentamento ou a desobediência de alguma figura de mundo interno?
- O fato de não poder contatar e não poder descarregar esses conteúdos está ligado a conflitos psicológicos de mundo interno?

- Qual foi a origem dessa proibição e quais as possíveis consequências envolvidas?

FLATULÊNCIA PSICOGÊNICA

É a presença constante e bastante frequente de gases (flatos) no intestino, assim como sua eliminação, também bastante frequente.

A psicodinâmica envolvida é similar à descrita na diarreia psicogênica.

CONSTIPAÇÃO INTESTINAL

É a defecação difícil e pouco frequente, com fezes endurecidas. O trânsito intestinal é moroso e o número de defecações durante a semana é reduzida.

A informação somática decodificada pode estar ligada a uma resistência de entrar em contato com seus conteúdos internos, representada somaticamente como uma motilidade lentificada das alças intestinais e uma resistência em expressar e comunicar esses conteúdos, representada somaticamente pela dificuldade e diminuição das defecações.

Outra possibilidade é a decodificação somática de que estes conteúdos estão sendo retardados por algum tipo de mecanismo de contenção somatizado. Nestes casos, o Não somático é um não de contenção e está substituindo um Não psicológico do tipo: "não se mostre, não se exponha, não se afobe etc."

ENCOPRESE PSICOGÊNICA

A encoprese psicogênica é definida como uma patologia de controle, em que o indivíduo elimina fezes, de forma pouco ou nada consciente, por fatores psicológicos, como medo, insegurança ou ansiedade.

A decodificação da informação somática é a de um Sim somático, frequentemente ligado a um excesso de controle.

Podemos inferir que esse indivíduo, submetido a um excesso de controle, por algum tipo de figura interna, se rebele e no seu aparente descontrole psicossomático desobedeça essa figura sem ter de assumir essa consciência.

Distúrbios Funcionais do Sistema Geniturinário

Os distúrbios funcionais do sistema geniturinário estão intimamente relacionados com o Modelo do Urinador.

A base somática do modelo de urinador é composta pelas sensações cenestésicas de uma tensão lenta e progressiva ligada com a bexiga urinária, uma sensação de contenção e soltura ligada ao esfíncter vesical e uma sensação de descarga motora rápida e prazerosa ligada com a passagem da urina pela uretra durante a micção.

Essas sensações somáticas estão ligadas com os aspectos psicológicos de Fantasia, Devaneio e Planejamento (TLP – tensão lenta e progressiva), Controle e Decisão (esfíncter – abertura e fechamento) e Execução (DMRP – descarga motora rápida e prazerosa) de ações no ambiente externo que gratifiquem desejos e necessidades internos.

Entendemos que:

- A **fantasia** informa o desejo ou a necessidade interna.
- O **devaneio** ensaia mentalmente o efeito da descarga do desejo ou da necessidade interna no mundo externo.
- O **planejamento** programa a descarga do desejo ou da necessidade interna, no mundo externo, levando em conta os dados de realidade e de reais possibilidades.

- O **controle** contém a ação impulsiva de agir, para esperar o momento adequado da descarga das tensões geradas pela contenção do desejo ou das necessidades internas.

- A **decisão** é um processo de reflexão que avalia qual é o momento adequado para o início da ação de descarga.

- A **execução** é o próprio mecanismo de ação para a realização do planejamento. É sempre prazeroso, mesmo que a tarefa seja desagradável. O prazer é dado pela descarga tensional acumulada.

Dessa maneira, vemos que o modelo de urinador tem uma parte mental e intimista que significa entrar em contato e organizar os desejos e as necessidades internas (fantasia, devaneio e planejamento), uma parte, ainda intimista, de controlar e decidir o momento de iniciar as ações de descarga e uma parte externa que é a ação no mundo externo, de descarga para satisfazer os desejos ou as necessidades internas (execução).

Após o surgimento da aura de urinador, que coincide com o aparecimento do Ego, mais ou menos entre dois e dois anos e meio acontece a desvinculação entre o modelo psicológico de urinador e o papel somático de urinador, restando como ponte entre eles o papel psicossomático de urinador.

Resolvemos colocar junto com os distúrbios funcionais urinários os distúrbios funcionais sexuais, que têm uma psicodinâmica semelhante e estão relacionados pela contenção e descarga dos desejos de prazer sexual, e também o distúrbio da fala (gagueira), cuja psicodinâmica de controle/descontrole acontece dentro do modelo de urinador (a glote funciona como um tipo de esfíncter fonador).

Nos distúrbios funcionais urinários e sexuais temos uma substituição da parte psicológica do modelo de urinador: entrar em contato com os desejos ou as necessidades internas, controlar, conter e depois executar e realizar os desejos e as necessidades no mundo externo pelos correspondentes somáticos de tensão mental (retenção), controle/descontrole das descargas motoras.

Nesses casos, temos também o Não ou o Sim somáticos substituindo o Não ou o Sim psicológicos.

Dividimos os distúrbios funcionais do sistema geniturinário em Disfunções Urinárias e Disfunções Sexuais.

1. Disfunções urinárias

Os principais distúrbios funcionais urinários, por nós diagnosticados até o momento, são: Enurese Noturna Psicogênica, Masturbação Infantil, Incontinência e Retenção Urinárias Psicogênicas, e incluímos aqui também a Gagueira (distúrbios do controle da fala).

a) Enurese noturna psicogênica

É o mecanismo pela qual o indivíduo acaba por substituir a execução dos desejos e das necessidades internas (descarga tensional prazerosa) pelo papel somático da micção (descarga tensional prazerosa somática). Em outras palavras, é a substituição do Sim psicológico (execução das ações desejadas ou necessitadas) pelo Sim somático (micção).

É um mecanismo muito comum nas crianças até mais ou menos seus 7 anos e também acontece com adolescentes e adultos.

b) Enurese noturna psicogênica nas crianças

Podemos considerar a enurese noturna psicogênica como um mecanismo normal nas crianças até mais ou menos seus 7 anos.

Vamos imaginar uma criança de 5 anos, Zezinho, que está com vontade de tomar sorvete. Ele consegue, no âmbito psicológico, fantasiar e devanear a ação de tomar um sorvete (entrar em contato com o desejo), então pode planejar qual sorvete quer e onde encontrá-lo, pode conter sua vontade e decidir o melhor momento de realizar sua vontade (até esse momento, Zezinho está acumulando tensão interna por um desejo não concretizado), mas para executar seu desejo ele necessita da colaboração de um adulto, pois não tem condições de fazer isso sozinho.

Se o adulto não está disponível, Zezinho se encontra num impasse, pois tem e controla o desejo, mas não pode realizá-lo sozinho, causando uma tensão intranúcleo sem saída. Sabemos que uma criança, nesta idade, ainda não desenvolveu a passagem do pensamento concreto para o pensamento simbólico, e também não desenvolveu a capacidade de aceitar substituições. Isso vai acontecer, por volta dos 6 ou 7 anos. Portanto, para Zezinho, a descarga prazerosa de tomar aquele sorvete só vai se resolver concretizando o desejo. Sabendo que isso pode demorar, ou mesmo não acontecer, a forma de descarregar esse acúmulo de tensão será feita pela utilização do papel somático correlato ao mecanismo de execução: a micção.

Por conseguinte, na impossibilidade de exercer o Sim psicológico, Zezinho exerce o Sim somático (micção como descarga prazerosa da tensão interna). Nessa situação, é o Sim somático (micção) que vai viabilizar a descarga tensional do conflito psicológico (desejo x impedimento).

Esse distúrbio funcional tende a desaparecer ou diminuir bastante após a criança resolver o núcleo narcísico e conseguir aceitar as substituições para as realizações de desejo.

Podemos entender que embora disfuncional, essa defesa, para a criança, pode se apresentar como a única via disponível para dar vazão à tensão interna decorrente do acúmulo de frustrações, pela não realização de seus desejos ou necessidades.

c) Enurese noturna psicogênica nos adolescentes e nos adultos

A Enurese Noturna Psicogênica no adolescente e no adulto já evidencia que existe um bloqueio psicológico na fase de decisão e de execução do modelo de urinador. Em outras palavras, os desejos e a necessidade são identificados, planejados e contidos ao nível do psicológico, mas a descarga tensional prazerosa (decisão e execução) é feita pelo distúrbio funcional (Sim somático = Enurese noturna).

O bloqueio da parte de decisão e execução pode ser feito por vários motivos, entre eles, superproteção do indivíduo, disciplina rígida, proibições morais ou religiosas, posturas doutrinárias, culpas etc. O conflito, gerador de angústia patológica, fica localizado entre os desejos e/ou necessidades x impedimentos de descarregá-los no mundo externo. Por meio do distúrbio funcional (Sim somático), essa descarga prazerosa acontece e o indivíduo fica, momentaneamente, sem o conflito e sem a angústia patológica. Aparecendo apenas a angústia circunstancial pela situação vexatória da enurese noturna. É mais comum em indivíduos psicóticos e os que têm grandes impedimentos de autonomia e execução. Na maior parte das vezes, a enurese noturna é substituída pela poluição noturna ou mesmo pela masturbação, com o intuito de ter uma descarga prazerosa, mas não uma descarga prazerosa de energia sexual, ou seja, a masturbação como mecanismo de diminuir qualquer tipo de tensão de ação (semelhante ao mecanismo da masturbação infantil).

d) Masturbação infantil

Compreendemos a masturbação infantil (3 a 7 anos) também como um distúrbio funcional, em que a descarga prazerosa é proporcionada pela manipulação da região genital e não pela micção. A psicodinâmica envolvida é similar à descrita para o sintoma da enurese noturna na criança. Acreditamos, inclusive, que a criança tensionada procura inicialmente tocar a região genital na tentativa de procurar a descarga prazerosa pela micção, e acaba por descobrir que a manipulação dos genitais pode também produzir uma descarga prazerosa. Queremos deixar claro que essa criança (de 3 a 7 anos) não tem hormônios sexuais, portanto não tem energia sexual para ser descarregada.

A masturbação infantil é a manipulação dos genitais para produzir uma descarga tensional prazerosa não sexual, diferente da masturbação juvenil (após a puberdade), em que a manipulação dos genitais pode também produzir uma descarga tensional prazerosa sexual.

A masturbação infantil, assim como a enurese noturna infantil, possibilitará a descarga tensional prazerosa de desejos e necessidades não sexuais uma vez que a via psicológica para essas descargas (execução) não está disponível, pela própria imaturidade da criança. É a substituição do Sim psicológico pelo Sim somático do distúrbio funcional.

e) Incontinência urinária psicogênica

É um distúrbio funcional ligado ao controle do esfíncter. Lembremos que, no modelo de urinador, o controle psicológico da vontade separa a parte do reconhecimento do desejo ou da necessidade (fantasia, devaneio e planejamento) da sua descarga tensional prazerosa (decisão e execução). Devemos ressaltar também que o controle sobre o esfíncter vesical ocorre de forma concomitante com o controle do esfíncter estriado anal e com o controle do aparelho fonador (poderíamos até dizer esfíncter laríngeo). Daí a semelhança entre a incontinência urinária psicogênica, a encoprese psicogênica e o distúrbio da fala, tartamudez ou gagueira.

A Incontinência Urinária Psicogênica é caracterizada por uma dificuldade de controle do Esfíncter Vesical e o sintoma principal é um descontrole da micção. Esse descontrole somático substitui o descontrole psicológico entre reter ou apressar a execução das descargas tensionais prazerosas. Dependendo do enfoque utilizado, podemos entender tanto como um Sim somático como com um Não somático.

É um Sim somático no enfoque de autorizar a descarga tensional ou um Não somático no sentido de esperar ou reter a ação de descarga. Esse descontrole entre o Sim e o Não somático está substituindo o descontrole entre o Sim e o Não psicológico, evidenciando uma patologia da Dúvida ou da Ambivalência.

Ao utilizar o Distúrbio Funcional da Incontinência Urinária Psicogênica, o indivíduo descarrega o conflito e a angústia patológica a ele acoplada, pela forma somática, evitando o contato com as dúvidas e ambivalências psicológicas.

f) Retenção urinária psicogênica

É um distúrbio funcional ligado à parte do modelo de urinador responsável pelo contato e a organização dos desejos e das necessidades internas (fantasia, devaneio e planejamento).

Lembremos que o indivíduo impulsivo tem uma enorme dificuldade em organizar, de forma conveniente, seus desejos e necessidades internas. Ele entra em contato com o desejo e já parte para a decisão e execução da descarga tensional prazerosa. Dessa forma, ele não devaneia e, principalmente, não planeja a execução do desejo ou da necessidade. Ele executa de forma improvisada, inconsequente e imediatista a descarga tensional. Podemos dizer que este indivíduo (frequentemente o urinador uretral) tem um conflito psicológico, na linha do pensar e refletir sobre as implicações e consequências de suas ações.

O distúrbio funcional de Retenção Urinária Psicogênica faz que o indivíduo, em vez de planejar e organizar psicologicamente as ações para realizar seus desejos e necessidades, simplesmente retenha a urina. Em outras palavras, o Sim para a reflexão psicológica é substituído pelo Sim somático para a retenção da urina. Dessa forma, ele não entra em contato com as implicações conflitadas ligadas a uma reflexão sobre suas reais possibilidades de executar seus desejos e necessidades.

g) Distúrbio da fala – tartamudez (gagueira)

É um distúrbio funcional ligado a um descontrole sobre o aparelho fonador (esfíncter laríngeo), e cujo sintoma principal é a gagueira. Como já dito anteriormente, é semelhante à incontinência urinária e à encoprese. Podemos entendê-lo como um distúrbio ligado à patologia da Dúvida e da Ambivalência entre reter ou soltar as manifestações verbais referentes a vontades, posicionamentos, opiniões, explicações etc., ligadas aos desejos ou às necessidades internas.

Dessa forma, os sintomas psicológicos da gagueira estão ligados a um conflito entre reter as manifestações verbais sobre seus conteúdos ou soltar de vez essas manifestações. Na dúvida, ocorre o titubeio entre reter e soltar. Ou seja, no titubeio entre o Sim psicológico e o Não psicológico.

O distúrbio funcional da Tartamudez ou Gagueira é um titubeio entre o Sim somático e o Não somático que estão substituindo uma região de conflito entre o Sim e o Não psicológico na retenção ou manifestação verbal de conteúdos psicológicos.

Ao gaguejar, o indivíduo evita o contato com o conflito e a angústia patológica, entre manifestar-se ou não manifestar-se, pela fala em suas opiniões, desejos ou posições. Entretanto, sente a angústia circunstancial (real), com sentimentos de insegurança, vergonha e medo de ser ridicularizado.

Na estratégia psicoterápica, tanto a dúvida como a ambivalência em relação à autorização de se manifestar devem ser tiradas do titubeio somático e trazidas para a esfera psicológica para serem tratadas. A técnica de escolha, para isso, é lançar mão do espelho físico da gagueira.

2. Disfunções sexuais (genitais)

Os distúrbios funcionais do sistema genital apresentam uma psicodinâmica semelhante à dos distúrbios funcionais do sistema urinário. Baseiam-se no mecanismo de sentir, controlar e descarregar a energia sexual. Ou seja, sentir o desejo e o prazer da excitação sexual, controlar esse desejo e essa excitação, e finalmente dar a descarga tensional prazerosa (orgasmo – descarga orgástica).

Sabemos que os principais distúrbios sexuais, que estão descritos na literatura médica, são psicogênicos e sem uma causa definida. Dentro da Análise Psicodramática entendemos que a maior parte deles são Distúrbios Funcionais em que o Não e o Sim psicológicos são substituídos pelo Não e o Sim somático. Dessa maneira, o indivíduo não entra em contato com a psicodinâmica conflitada e a angústia patológica desencadeada, vivenciando apenas a angústia circunstancial envolvida.

As principais disfunções sexuais que diagnosticamos até o momento, como distúrbios funcionais, são:

- Na mulher: Disfunção da excitação e do orgasmo e o vaginismo.
- No homem: Disfunção da ejaculação (precoce ou retenção), impotência sexual psicogênica e a disfunção erétil psicogênica.

a) Vaginismo

O distúrbio funcional é representado por uma contração involuntária dos músculos vaginais inferiores, impedindo a penetração, pelo homem, ou mesmo uma autopenetração feita pela própria mulher (dedo ou objetos).

Esse Não somático, produzido pela contração involuntária, está substituindo um Não psicológico, que está conflitado.

O conflito psicológico em questão está relacionado com um impedimento em relação à penetração que pode estar ligado a várias dinâmicas psíquicas, tais como: medo de invasão, proibição de entrega, competição, hostilidade etc. Na impossibilidade do conflito psicológico ser conscientizado e assumido, o distúrbio funcional é acionado. Uma vez estabelecido o Não somático, tanto o conflito como a angústia patológica são descarregados. Resta a angústia real (circunstancial) diante da dificuldade de manter a relação sexual com penetração.

O distúrbio funcional, o vaginismo, faz parte de uma divisão interna psicológica cujo lado consciente da mulher quer ou deseja ou acha que deve ter a relação sexual, mas a vagina dela diz que não pode (Não somático).

Na estratégia psicoterápica, trabalhamos a divisão interna em questão, dando voz e argumentos para o Não somático. Dessa forma, começamos a trabalhar a substituição do Não somático pelo Não psicológico, e os impedimentos daí advindos.

b) Disfunção da excitação na mulher e ejaculação precoce no homem

É um distúrbio funcional em que a ação de entrar em contato com o desejo e a excitação sexual é atropelada por uma descarga tensional, normalmente de pouca intensidade prazerosa. Pode ser comparado ao distúrbio urinário de incontinência urinária psicogênica.

No aspecto psicodinâmico, temos um conflito ligado à dúvida ou à ambivalência quanto a uma permissão interna, de sentir o desejo sexual e de se excitar sexualmente. Essa dinâmica se manifesta entre uma dúvida ou ambivalência entre o Sim psicológico e o Não psicológico. O distúrbio funcional produzirá um descontrole entre o Sim somático e o Não somático, produzindo uma descarga tensional enfraquecida, evitando a conscientização do conflito.

Dessa forma, a energia sexual (tesão) é descarregada (orgasmo) sem que se tenha um contato mais demorado com o desejo e com a excitação sexual. Geralmente é um orgasmo de pouca intensidade e insatisfatório, pois não houve um carregamento adequado da energia sexual.

c) Disfunção do orgasmo na mulher e retenção da ejaculação no homem

É um distúrbio funcional que, por mais excitado que o indivíduo esteja, ele não consegue ter a descarga tensional prazerosa sexual. Podemos dizer que ele sente o desejo e a excitação sexual, mas não consegue fazer a descarga orgástica. É uma disfunção relacionada ao distúrbio funcional urinário de retenção urinária psicogênico.

Podemos entender que a parte conflitada (Não psicológico) está relacionada a decisão e execução (finalização orgástica) da descarga prazerosa. Os impedimentos psicológicos podem ser de várias causas: impedimento de entrega, proibição de usufruir o prazer, medo do descontrole etc.

Não podendo entrar em contato (conscientizar) com a dinâmica do Não psicológico, o distúrbio funcional é ativado e se estabelece o Não somático, descarregando o conflito e a angústia patológica.

Isso estabelece uma divisão interna do tipo desejo e impedimento. Desejo de descarregar a excitação e impedimento da descarga (dado pelo Não somático). A estratégia psicoterápica é a de trabalhar a divisão interna dando voz ao Não somático para que esse se torne um Não psicológico.

d) Impotência sexual masculina psicogênica

É um distúrbio funcional, no qual o homem não consegue ter a ereção do pênis. Essa falha de ereção pode acontecer na presença de excitação sexual normal ou de pouca ou nenhuma excitação sexual.

Entendemos, nesses casos, que o conflito psicológico está ligado ao sentir e manifestar a potência sexual. Existindo, portanto, um Não psicológico em relação ao sentimento da potência sexual. Esse Não pode estar atrelado a inúmeras dinâmicas psicológicas, como falta de identificação masculina, sentimentos de passividade, hostilidade com a parceira ou parceiro, bloqueio de agressividade etc.

Na impossibilidade de conscientizar a psicodinâmica, o distúrbio funcional é acionado e o Não somático passa a descarregar o conflito e a angústia patológica, impedindo a ereção. Fica presente a angústia circunstancial de vergonha, humilhação e fracasso.

O surgimento do Não somático vai evidenciar uma divisão interna em que um lado desse homem quer e deseja a potência e a relação sexual, mas seu pênis diz que não (Não somático).

A estratégia psicoterápica é a de trabalhar a divisão interna, dando voz ao Não somático (pênis) até que se evidencie o argumento psicológico em questão.

e) Disfunção erétil psicogênica

É um distúrbio funcional no qual o homem consegue ter a ereção do pênis, mas não consegue mantê-la durante o ato sexual, independentemente do grau de excitação. A psicodinâmica é bastante parecida com a da impotência sexual masculina, pois está ligada ao sentir e manifestar a potência sexual. Não é uma dinâmica tão restritiva em relação à potência, tanto que a ereção se manifesta, mas por pouco tempo. O conflito psicológico está relacionado a uma oscilação (briga) entre ter potência e não ter potência. Em outras palavras, essa oscilação entre o Sim psicológico e o Não psicológico pode ter uma série de dinâmicas psíquicas, do tipo pode/não pode, semelhantes às da impotência.

Na medida em que estas oscilações estão fora do contato consciente, o distúrbio funcional é ativado e o Sim e o Não psíquicos são substituídos pelo Sim e Não somáticos.

A estratégia psicoterápica é a de trabalhar essa oscilação (divisão interna) dando voz tanto ao Sim somático quanto ao Não somático, de modo que a divisão se torne consciente, e venha para os domínios da esfera psicológica.

Distúrbio funcional – Ações com segunda intenção

Dentro da Análise Psicodramática podemos classificar as Ações com Segunda Intenção em três grandes grupos:

1. Quando a segunda intenção é consciente e deliberada. Dentro desse grupo entram as dissimulações, falsidades e hipocrisias, que fazem parte do jogo de comunicação social e das posturas gerais da vida. Não consideramos que as ações de segunda intenção, conscientes e deliberadas, sejam doentes ou façam parte de algum tipo de patologia. Consideramos como fazendo parte do jogo da vida e da defesa dos próprios interesses, sejam esses materiais, emocionais ou sociais.

Muitas vezes, as ações com segunda intenção conscientes e deliberadas são condenáveis por aspectos éticos e morais, mas não podemos dizer que são patológicas. Não vamos confundir ética e moral com patologia psíquica!

Ao avaliarmos as ações de segunda intenção conscientes e deliberadas, observamos que existe uma estratégia e um objetivo a ser alcançado em cada uma delas. Esse objetivo faz parte do jogo de interesses desse indivíduo.

2. Quando a ação com segunda intenção é parcialmente consciente e na maioria das vezes não é claramente deliberada. São ações e atitudes que o indivíduo toma para evitar o contato com traços de personalidade ou sentimentos, ou mesmo intenções que ele próprio condena ou evita assumir. São ações cuja função é evitar que o indivíduo se conscientize ou encare francamente seus conteúdos mais torpes, mais discriminados, mais mesquinhos, enfim, menos nobres. São ações e atitudes que visam a esconder o indivíduo dele mesmo. Essas ações com segunda intenção fazem parte das Defesas Conscientes, principalmente das Racionalizações, Justificativas e das Emoções Reativas.

3. Quando a ação com segunda intenção não é nem consciente e nem deliberada. Nestes casos, podemos dizer que existe uma patologia psicológica associada. São as atuações, as atuações histéricas, as atuações psicopáticas, as ações dissociadas e também as ações com segunda intenção que consideramos, na Análise Psicodramática, como distúrbios funcionais.

Esse conceito das ações e atitudes com segunda intenção apresenta equivalência ao conceito de Vicariância, que Bermúdez estruturou, dentro da sua teoria do Núcleo do Eu.

A Vicariância é um termo médico que significa a capacidade de um órgão sadio realizar sua função e também a função do órgão homônimo doente. Por exemplo, num indivíduo que precisou retirar o pulmão direito que estava lesado, o pulmão esquerdo sadio aumentará suas capacidades funcionais para fazer sua função e também suprir as funções do pulmão direito retirado. Dizemos que esse indivíduo tem um pulmão esquerdo vicariante.

Na teoria do Núcleo do Eu, Bermúdez postula que os Modelos Psicológicos sadios podem aumentar suas funções para suprir o Modelo Psicológico Poroso e assim aliviar as tensões intranúcleo.

Na Análise Psicodramática, utilizamos o conceito Distúrbio Funcional para as ações com segunda intenção, em que a ação em questão utiliza um Modelo Psicológico para descarregar as tensões e evitar a conscientização, de deficiências ou patologias, no Modelo Psicológico bloqueado. Dessa forma, essas ações passam a ter uma função defensiva, pois, ao mesmo tempo que descarregam as tensões de dentro do núcleo, elas evitam o contato com as deficiências do modelo comprometido.

Caracterizamos a ação com segunda intenção como um distúrbio funcional quando ela é produzida por um modelo psicológico sadio com uma intenção secundária de compensar as ações que deveriam ser feitas pelo modelo deficiente. Dessa forma, essas ações descarregam, embora de maneira inadequada, as tensões do modelo comprometido e ainda evitam que o indivíduo conscientize as deficiências em questão.

Lembremos que distúrbios funcionais são sintomas, comportamentos e condutas que o indivíduo apresenta de forma pouco consciente e não deliberada, de modo que evite o contato com o material excluído e, ao mesmo tempo, descarregue as tensões decorrentes dessa exclusão.

Considere, como exemplo, um indivíduo que tem um modelo de ingeridor comprometido e, portanto, grandes dificuldades em seu mecanismo de dar e receber e em sua capacidade de se sentir satisfeito com os conteúdos incorporados do meio externo para o meio interno. Ele pode se utilizar do modelo de defecador e do modelo de urinador para suprir sua deficiência de incorporação, de dar e receber e de se sentir satisfeito. Dessa forma, consegue diminuir suas tensões e frustrações e ainda consegue evitar a tomada de consciência dessas deficiências.

A título de ilustração, descreveremos as possíveis ações com segunda intenção, de acordo com o modelo psicológico bloqueado ou comprometido.

1. Modelo do Ingeridor Comprometido ou Bloqueado

Nestes casos, o indivíduo apresenta dificuldades com os mecanismos de Incorporação de afetos, aprendizado, experiências etc. Apresenta também uma dificuldade no binômio dar e receber além de uma sensação de nunca se sentir satisfeito. Não consegue ter a descarga tensional do 'se sentir satisfeito'.

Pode tentar compensar estas deficiências utilizando as ações com segunda intenção ativando os modelos de urinador e de defecador como distúrbios funcionais.

a) Mobiliza o modelo de Urinador, em vez de descarregar ações para gratificar desejos e necessidades internas são utilizadas com uma segunda intenção de receber as atenções, afetos, aprendizados etc. bloqueados no modelo de ingeridor comprometido. Nesse caso, notamos uma atitude de estar sempre se oferecendo para fazer coisas, participar de atividades, procurando sempre ser o centro das atenções. Toma atitudes e faz as coisas com um grande alarde, sempre chamando a atenção dos outros para ser notado em suas ações. São ações carregadas de ansiedade e agitação. Utiliza a capacidade de planejamento e execução (modelo de urinador saudável) para se fazer notar pelos outros e receber atenções e afetos. É uma forma de 'comer escondido'.

b) Mobiliza o modelo de Defecador utilizando a capacidade de criar, elaborar, expressar e comunicar, mas em vez de serem seus conteúdos internos são conteúdos com uma intenção secundária de ser alvo das atenções e receber afeto, aceitação, valorização etc.

Um exemplo disso é a pessoa que está sempre numa postura professoral ou discorrendo sobre os mais diversos temas, com a intenção de ser valorizado, apreciado e receber atenções e não de se posicionar e fazer valer suas opiniões (conteúdos internos). É uma fala que vem carregada de certa ansiedade e se constitui outra forma de 'comer escondido'.

2. Modelo de Defecador Comprometido ou Bloqueado

Neste caso, o indivíduo tem uma dificuldade de criar e elaborar (entrar em contato), expressar e comunicar (pôr para fora) seus conteúdos internos (ideias, sentimentos, percepções e intenções) para o mundo externo. Tem um bloqueio na descarga tensional de se 'sentir aliviado'.

Pode tentar compensar estas deficiências utilizando as ações de segunda intenção ativando os modelos sadios de ingeridor e de urinador, como distúrbios funcionais.

a) Mobiliza o Modelo de Ingeridor utilizando sua capacidade de incorporar e receber conteúdos do mundo externo, mas a intenção

Psicopatologia e psicodinâmica na análise psicodramática

encoberta é colocar seus conteúdos no mundo externo. Um exemplo disso são as pessoas que, com a postura explicita de perguntar ou querer se informar sobre determinados assuntos, passam na verdade a fazer verdadeiras conferências do que elas acham ou pensam sobre o assunto em pauta. Aparentemente estão perguntando (ingeridor), mas na verdade estão dissertando sobre o assunto (defecador). São explanações carregadas de ansiedade, e a verdadeira intenção é a de se colocar ou colocar suas opiniões, que aparecem camufladas de 'estar pedindo informações'.

b) Mobiliza o Modelo de Urinador utilizando sua capacidade de planejar, controlar e executar ações no ambiente externo, mas a intenção encoberta é expor e expressar seus próprios conteúdos internos para o mundo externo.

Um exemplo disso são pessoas que a título de estarem planejando e fazendo coisas (urinador) estão sempre criticando, humilhando ou ridicularizando os outros (defecador). A ansiedade envolvida nestas ações de segunda intenção é, muitas vezes, uma ansiedade do tipo eufórica (mania).

3. Modelo de Urinador Comprometido ou Bloqueado

Nesse caso, o indivíduo tem uma dificuldade nos mecanismos de identificação dos desejos e necessidades (fantasia, devaneio e planejamento), de retenção (controle) e da capacidade de produzir a descarga tensional prazerosa (decisão e execução). Tem dificuldade em 'sentir totalmente a sensação de prazer'.

Pode tentar compensar essas dificuldades utilizando ações com segunda intenção ativando os modelos sadios de defecador e de ingeridor, como distúrbios funcionais.

a) Mobiliza o Modelo de Ingeridor utilizando sua capacidade de incorporar e receber conteúdos do mundo externo, mas a intenção verdadeira é suprir suas dificuldades de planejar e executar. Em vez de fazer, passa e acumula informações e reservas para um dia fazer. Um exemplo disso são os 'estudantes crônicos', que ficam eternamente se preparando (ingeridor) para exercer uma profissão no mundo (agirem). Passam o tempo todo se informando (ingeridor com segunda intenção) para um dia executarem.

b) Mobiliza o Modelo de Defecador utilizando sua capacidade de criar, elaborar, expressar e comunicar seus conteúdos, mas a intenção real é suprir suas dificuldades de planejar e executar. Em vez de fazer (urinador), passa a falar e comunicar (defecador) sobre todos os seus planos de execução. Um exemplo disso é uma pessoa que em vez de fazer a viagem passa o tempo todo falando sobre seus planos de viagem. Outro exemplo é a pessoa que em vez de construir a casa desejada passa, eternamente, a elaborar e falar sobre seus inúmeros planos e condições referentes à construção, que nunca acontece. A elaboração e a comunicação das intenções de construir (defecador) passam a substituir a verdadeira ação da construção (urinador).

Todas as ações com segunda intenção, compreendidas nesta abordagem como distúrbios funcionais, apresentam a função principal de descarregar a tensão, o conflito e a angústia patológica, resultantes das deficiências causadas pelo modelo psicológico comprometido. É uma descarga inadequada (usa o modelo errado), mas diminui o conflito e a angústia patológica. Ao mesmo tempo impede que se torne consciente das deficiências ligadas ao modelo comprometido. Dessa maneira, podem ser consideradas como mecanismos defensivos do psiquismo.

Ações com segunda intenção – Resumo

Resumindo, as ações com segunda intenção compreendem:

1. Modelo de Ingeridor Comprometido
Ação com segunda intenção no:
a) Modelo de Urinador (íntegro) – Fazer e agir com a intenção de receber.
b) Modelo de Defecador (íntegro) – Dar ideias, expressar e comunicar com a intenção de receber.

2. Modelo de Defecador Comprometido
Ação com segunda intenção no:
a) Modelo de Ingeridor (íntegro) – Perguntar e pedir com a intenção de se expressar, se comunicar e se posicionar.
b) Modelo de Urinador (íntegro) – Fazer e agir com a intenção de se posicionar, se expressar e se comunicar.

3. Modelo de Urinador Comprometido
Ação com segunda intenção no:
a) Modelo de Ingeridor (íntegro) – Receber e acumular conhecimento em vez de fazer e agir.
b) Modelo de Defecador (íntegro) – Elaborar, expressar e comunicar em vez de fazer e agir.

ESTRATÉGIA PSICOTERÁPICA

A compreensão teórica apresentada auxilia o terapeuta quanto ao diagnóstico. Os manejos principais utilizados na Análise Psicodramática são:

1. Esclarecimento da ação com segunda intenção.

2. Espelho com cenas de descarga do:
a) Conteúdo Manifesto (modelo íntegro vicariante);

b) Conteúdo Encoberto (modelo comprometido – intenção encoberta – segunda intenção).

O objetivo é manejar essa defesa para mobilizar o conteúdo latente, isto é, o material excluído, e assim abrir caminho para trabalhar na terapia a dinâmica das divisões internas relativas ao modelo comprometido.

REFERÊNCIAS BIBLIOGRÁFICAS

GABBARD, G. *Psiquiatria psicodinâmica*. Porto Alegre: Artmed, 1998.

GOMES, J. L. *Fisiopatologia*. Rio de Janeiro: Guanabara Koogan, 2007.

GUYTAN, A. C.; HALL, J. E. *Tratado de fisiologia médica*. 3. ed. Rio de Janeiro: Elsevier, 2006.

DIAS, V. R. C. S. *Psicopatologia e psicodinâmica na análise psicodramática*. São Paulo: Ágora, 2006. v. 1.

_____; ARAUJO SILVA, V. *Psicopatologia e psicodinâmica na análise psicodramática*. São Paulo: Ágora, 2008. v. 2.

3. *Defesas de somatização*

CELSO AZEVEDO AUGUSTO

INTRODUÇÃO

Sob a denominação de somatização há vários sintomas e doenças subentendidas. Em função disso é necessária uma breve discussão sobre quais aspectos desse universo trataremos.

Muitas especialidades médicas apresentam sua visão na tentativa de encontrar uma definição que as agrupe, uma causa que explique suas manifestações ou uma proposta terapêutica que as contemple satisfatoriamente. A esse universo tão amplo quanto imbricado nos conceitos e propostas trazemos a visão da Análise Psicodramática como uma contribuição terapêutica para esses desafiadores quadros que frequentemente surpreendem os psicoterapeutas.

Para Victor Dias (2006):

A somatização é um mecanismo pelo qual um conflito psicológico passa a ser descarregado em um órgão do corpo, o que pode causar uma lesão nesse órgão, conforme a intensidade, a frequência e o tempo de duração. A angústia patológica é descarregada no órgão. Dessa forma o indivíduo não sente nem o conflito nem a angústia, mas sente dor, coceira, incômodo etc.

Ele acredita que as somatizações são entendidas como um mecanismo de defesa na medida em que evitam o contato consciente com o material excluído na Zona de PCI tanto de 1ª ou de 2ª zona de exclusão. Dessa forma, utilizamos na análise psicodramática o termo Defesa de Somatização.

Por meio das somatizações o conflito passa a ser descarregado em um órgão do corpo e, com isso, a angústia patológica gerada pela exclusão do material conflitado fica também depositada no órgão. Utilizando-se dessa defesa, o indivíduo passa a não sentir nem o conflito nem a angústia, tem apenas os sintomas físicos produzidos pela somatização.

Dias propõe uma maneira própria de compreender e classificar o fenômeno da defesa de somatização a partir dos pressupostos da teoria da "Programação Cenestésica" por ele desenvolvida.

CONCEITUAÇÃO

Para compreendermos o que engloba este tema, torna-se importante esclarecer os aspectos conceituais que o delimitam, pois tanto na medicina quanto na psicologia há muitas confusões sobre o emprego do termo somatização. É comum que ele seja utilizado como sinônimo de conversão, transtornos somatoformes, hipocondria, distonias neurovegetativas e mesmo de doenças psicossomáticas.

Enumeramos, a seguir, como a medicina, incluindo suas várias especialidades além da psiquiatria, define cada um desses termos para facilitar a compreensão do que tem sido considerado como somatização na atualidade e qual a compreensão da Análise Psicodramática para este evento.

A *conversão* é uma defesa intrapsíquica de caráter neurótico e próprio da histeria. Quando acionada essa defesa, a manifestação se dá em determinada parte do corpo como consequência de uma transposição do conflito psíquico em sintomas somáticos. Só que basicamente compromete o sistema neuromuscular voluntário (paralisias, por exemplo) e/ou o sensório-perceptivo (anestesias, por exemplo). Em geral, tendem a desaparecer num tempo que varia de semanas a meses, em particular quando sua ocorrência se associou a um acontecimento emocionalmente traumático (CID-10). Freud introduziu esse termo referindo-se ao "salto do psíquico para a inervação somática" se referindo à transposição do sintoma psíquico para o corpo somático (Laplanche, 1986).

Porém, para Dias (2006), "na conversão, o sintoma aparece no órgão, mas a angústia não é descarregada nele; o indivíduo não identifica o conflito, mas sente a angústia, e não existe lesão no órgão".

Assim, ele nos demonstra que na conversão a angústia patológica permanece no nível do psicológico, ou seja, mesmo no estado conversivo a pessoa continua sentindo a angústia, embora não consiga identificar o conteúdo do conflito. Ressalta ainda que as conversões não provocam nenhuma lesão estrutural nos órgãos, nem na região pela qual se manifestam.

Os *distúrbios funcionais* se apresentam em grande parte dos sistemas e aparelhos do organismo. Os exemplos mais comuns são os do aparelho digestivo, como eructação e flatulência (gases estomacais e intestinais), diarreias, disfagia (dificuldade em deglutir), náuseas e vômitos psicogênicos e a encoprese (perda involuntária de fezes) psicogênica. No aparelho geniturinário se manifestam pela enurese (perda involuntária de urina) ou retenção urinária psicogênica, impotência sexual psicogênica, e outras tantas descritas no Capítulo 2 deste livro. Usualmente são situações benignas que não evoluem para nenhuma doença grave (Ey, 1965; Jeammet, 1999).

Victor Dias (2006) entende que "nos distúrbios funcionais o conflito é descarregado pelo papel psicossomático, não gerando angústia patológica".

Ele também descreve esses distúrbios como "sintomas, comportamentos e condutas que o indivíduo apresenta de forma pouco consciente e não deliberada, de modo que evite contato com o material excluído e, ao mesmo tempo, descarregue as tensões decorrentes dessa exclusão".

Dessa forma explica que os distúrbios funcionais surgem pela utilização de um papel psicossomático em vez do modelo psicológico. Isso quer dizer que o indivíduo apresenta um sintoma físico por causa da hiperfunção, do funcionamento exagerado, de um órgão em vez de apresentar um comportamento ou uma reação emocional diante de uma situação de tensão psíquica. "Desse modo, o indivíduo consegue dar vazão aos conteúdos excluídos. É uma vazão de forma inadequada, mas que viabiliza (com os recursos psíquicos disponíveis) as funções psicológicas bloqueadas, dando-lhes a devida descarga, sem o contato do Eu consciente... conseguindo descarregar a angústia patológica com o distúrbio funcional" (Dias, 2006).

Dias os considera como "procedimentos saudáveis do psiquismo", porém utilizados de maneira inadequada, substituindo o mecanismo psicológico pela atividade funcional do órgão ou sistema em questão, com a finalidade de aliviar a tensão interna gerada pela exclusão de material intrapsíquico conflitado. A angústia patológica é descarregada de dentro do psiquismo para o meio externo, evitando assim o contato consciente do indivíduo com o material excluído. Também não provoca por si só nenhuma lesão direta sobre o organismo (somático), exceto se o distúrbio for muito intenso, duradouro e/ou frequente, o que pode resultar em algum dano decorrente do exagero da utilização dos órgãos envolvidos (Dias, 2006).

Assim como Henry Ey (1965), Victor Dias (2006) também inclui no capítulo sobre os distúrbios funcionais alguns dos distúrbios alimentares, como a anorexia nervosa, a bulimia e alguns casos de obesidade; as disfunções sexuais, como o vaginismo, a disfunção erétil masculina, a ejaculação precoce e a inibição do orgasmo.

Já os *transtornos somatoformes* fazem parte de uma categoria diagnóstica, introduzida na CID-10 em 1980, que corresponde a sete diferentes entidades sindrômicas dentro da clínica psiquiátrica. Caracterizam-se pela presença por longo tempo, meses ou anos, de queixas frequentes de sintomatologia física, que sugerem a presença de um componente orgânico, mas que não são totalmente explicadas por nenhuma das doenças conhecidas, e não há exames clínicos nem laboratoriais que as comprovem. Também não são totalmente explicáveis pelos efeitos diretos decorrentes da utilização de uma substância psicoativa como drogas e/ou álcool, nem por outro transtorno mental (transtorno do pânico, por exemplo). Mesmo na presença de doenças orgânicas comprovadamente diagnosticadas, não existe uma explicação lógica para toda a sintomatologia referida, dada a multiplicidade de queixas e o envolvimento de múltiplos sistemas orgânicos afetados. Outra característica marcante desses transtornos é a dificuldade no estabelecimento de um vínculo médico-paciente, em decorrência de um questionamento constante por parte do paciente em relação às tentativas do profissional médico apontar para uma provável inexistência de substrato orgânico detectável. Em muitos casos, existem transtornos de personalidade associados. Esses quadros estão associados com sofrimento psicológico significativo, prejuízo no funcionamento social e ocupacional por meio de comportamento de inúmeras procuras por serviços médicos com a finalidade de minimizar a exuberante sintomatologia referida (Kaplan, 1997).

A *hipocondria* remonta a um dos mais antigos termos médicos relacionados ao que viria se constituir o conceito atual de somatização, juntamente com a histeria. Atualmente está incluída como uma das sete entidades clínicas dos transtornos somatoformes. Consiste em uma interpretação errônea de sensações corporais corriqueiras, que são percebidas como anormais pela pessoa, levando ao medo e à crença de que ela está gravemente doente. Já foi descrita como a "paranoia das vísceras", estando o perseguidor dentro do próprio corpo do paciente (Bombana, 2001, 2002).

Dias (2006) considera a defesa paranoide como exacerbação da defesa de ideias depressivas cujo objetivo é o do indivíduo não se voltar para dentro, na psicopatologia dos defecadores graves, ou de evitar o contato com o conceito de identidade ambivalente, nos psicóticos.

A *distonia neurovegetativa*, ou DNV, corresponde a um considerável grupo de pacientes com queixas psíquicas e físicas frequentemente entrelaçadas e imprecisas. Muitas vezes são chamados pejorativamente de pacientes "peripacosos" ou "poliqueixosos". O termo corresponde a uma ideia sindrômica e não a uma entidade clínica psiquiátrica em si. Esse termo engloba indistintamente alguns transtornos de ansiedade, de ajustamento, somatoformes e conversivos (Bombana, 1993).

As doenças psicossomáticas já foram consideradas como "todo sintoma ou síndrome funcional na qual o médico encontra, como unidade patológica, ao mesmo tempo uma expressão fisiológica e uma expressão psicológica manifestante coordenadas" (Ey, 1965). Algumas doenças como hipertensão arterial, retocolite ulcerativa, úlcera gastroduodenal, asma brônquica, tuberculose, eczema e psoríase, hipertireoidismo, artrite reumatoide etc. foram chamadas

PSICOPATOLOGIA E PSICODINÂMICA NA ANÁLISE PSICODRAMÁTICA

"doenças psicossomáticas", tentando-se traçar perfis de personalidade específicos para cada um desses grupos de pacientes. Essa concepção foi progressivamente se mostrando inconsistente. Atualmente, considera-se a psicossomática como uma atitude de medicina integral, que concebe o ser humano como ser biopsicossocial e não propriamente como um ramo da psiquiatria. Compreende uma ideologia sobre a saúde, com suas práticas e suas doenças, um campo de pesquisas sobre esses fatos e, ao mesmo tempo, uma prática de uma medicina integral. Hoje a psicossomática estaria mais ligada à visão ideológica desse movimento e às pesquisas que se fazem sobre essas ideias: sobre a relação corpo-mente e sobre os mecanismos de produção de enfermidades, principalmente sobre os fenômenos do estresse (Mello Filho, 1994).

Atualmente, Rigatelli (2002) sugere que a medicina psicossomática apresenta uma sólida tradição no campo da pesquisa. "Não está mais associada a um grupo específico de patologias, mas é considerada como um modo completo de olhar todas as condições patológicas" (*apud* Castro, 2006).

Na ótica do Somatodrama, Cristina Freire (2000) propõe que "os sintomas e doenças físicas podem ser compreendidos como cristalizações de material de Zonas de PCI excluídas com as quais a pessoa estabelece estreita vinculação compensatória, entrando assim em contato diretamente com as experiências cenestésicas vivenciadas quando ainda não tinha capacidade de vivenciá-las no plano psicológico e emocional [...] Assim quando falham os mecanismos psicológicos de resolução diante de um problema em estado de crise ou no rompimento de vínculo compensatório a doença se instala como a representação corporal da angústia".

A *somatização* propriamente dita tem sua definição contemporânea criada por Zbigniew Lipowski (1924-1997), que a descreveu como "uma tendência a experimentar e comunicar sofrimento somático em resposta a estresse psicossocial e buscar auxílio médico por isso".

Segundo Mai (2004), "o termo foi gerado pela tradução cientificista em inglês do termo alemão *Organsprache* (fala dos órgãos), originalmente criado por Wilhelm Stekel (1868-1940) no início do século XX, e que podia representar tanto a manifestação física com lesões orgânicas quanto sintomas físicos sem explicação médica, desde que gerados por conflitos psicológicos inconscientes".

Para a psiquiatria clássica, a somatização pode ocorrer (Bombana, 2001, 2002):

a) como um modo de se expressar como uma variação individual normal;
b) indicando uma doença orgânica ainda não diagnosticada;
c) como parte de outras patologias psiquiátricas, por exemplo, a depressão;
d) como um transtorno somatoforme.

Admite-se que qualquer pessoa possa somatizar, se certo limiar de desconforto psíquico for ultrapassado. Nos anos 1960, a escola francesa de Pierre Marty e Michel de M'Uzan desenvolve a ideia de que os indivíduos "psicossomáticos" se diferenciam dos demais pela pobreza do mundo simbólico, apresentam pouca elaboração psíquica, cunhando o termo "pensamento operatório". A escola americana de Sifneos e Nemiah, em Boston, identificou, nos anos 1970, uma marcada dificuldade desses pacientes em descrever seus sentimentos utilizando para isso o termo "alexitimia", por meio da junção dos étimos "a" (privação) + "lex" (leitura) + "timos" (emoções). Sami-Ali, em 1987, postula haver uma possível ligação entre organização da atividade do sonho e a doença orgânica ao ocorrer o desaparecimento total da atividade onírica do indivíduo (Cerchiari, 2000).

Victor Dias (2006) considera as somatizações como um dos mecanismos de defesa psíquica, "pelo qual um conflito psicológico passa a ser descarregado em um órgão do corpo, o que pode causar uma lesão nesse órgão, conforme a intensidade, a frequência e o tempo de duração".

Para ele, o psiquismo desenvolve essa defesa com a finalidade de evitar o contato do Eu consciente (POD) com o material psíquico excluído, armazenado na Zona de PCI, à semelhança dos demais mecanismos de defesa psíquicos (como os distúrbios funcionais, as defesas intrapsíquicas, as defesas conscientes, as defesas projetivas e as defesas dissociativas).

"Dessa forma o indivíduo não sente nem o conflito nem a angústia, mas sente a dor, a coceira, o incômodo etc." (Lipowski, 1988). Lipowski afirma, ainda, que na defesa de somatização, a angústia patológica é deslocada para algum órgão do corpo, como uma estratégia do psiquismo de garantir que ela não seja sentida e que passe a se manifestar sob a forma de sintomas físicos, evitando-se, assim, o contato direto com a angústia do conflito psicológico que a originou.

Diferentemente de autores ligados à Medicina Psicossomática que descrevem tipos psicológicos para cada tipo de doença, Dias (2006) entende que as defesas de somatizações não estão ligadas a nenhum tipo específico de modelo psicopatológico, ou seja, são inespecíficas quanto ao tipo de pessoa em que se instalam.

Acrescenta que essa defesa pode também surgir ao longo do trabalho das psicoterapias por Zona de Exclusão (psicoterapia por decodificação de sonhos, psicodrama interno ou sensibilização corporal) na medida em que por meio dessas técnicas façam-se emergir conteúdos mais profundos e, portanto mais conflitados, pelos quais o psiquismo fica sobrecarregado sobremaneira e encontra dificuldades em integrar aquele material ao POD.

CLASSIFICAÇÃO

A partir da visão exposta anteriormente, Victor Dias sugere uma classificação que considera a relação entre a somatização e a produção de lesão física, ou não, sobre o órgão alvo da somatização.

Como não há estudos contundentes comprovando a etiologia psicológica dessas enfermidades, ele considera o tipo de resposta que as doenças podem apresentar diante do trabalho psicoterápico como critério para agrupá-las.

Entende, ainda, que nessas doenças a angústia patológica não está mobilizada, mas somatizada.

Associa a existência ou não de lesão orgânica à resposta obtida na psicoterapia para caracterizar cada grupo.

As doenças foram relacionadas como uma forma de exemplo, a fim de facilitar a compreensão sobre o tipo de paciente que pode se beneficiar das intervenções psicoterápicas. Não temos a pretensão de esgotar o tema nem a totalidade do universo dessas patologias. Procuramos descrever apenas as mais frequentes na prática clínica e com maior probabilidade de surgir na rotina do psicoterapeuta.

A. QUANDO A SOMATIZAÇÃO DO CONFLITO É A CAUSA DA DOENÇA.

NESSES CASOS, QUANDO O CONFLITO INTRAPSÍQUICO VEM PARA A ESFERA DO PSICOLÓGICO, POR MEIO DO PROCESSO PSICOTERAPÊUTICO, E A ANGÚSTIA DO CONFLITO DEIXA DE SER DESCARREGADA NO ÓRGÃO, EXISTE UMA REMISSÃO TOTAL DAS LESÕES E O ÓRGÃO FICA LIBERADO DA DOENÇA. ISSO EVIDENCIA QUE AS LESÕES ERAM DIRETAMENTE CAUSADAS PELA SOMATIZAÇÃO.

SÃO CAUSAS COMUNS DE DOENÇAS DERMATOLÓGICAS, DO APARELHO DIGESTIVO, OSTEOARTICULAR, NEUROLÓGICO, ENTRE OUTRAS.

EXEMPLOS:

- Alopecia areata: Caracterizada pela perda rápida, parcial ou total de pelos em uma ou mais áreas do couro cabeludo ou ainda em áreas como barba, sobrancelhas, púbis etc. O renascimento dos pelos pode ocorrer espontaneamente em alguns meses. Em alguns casos, a doença progride, podendo atingir todo o couro cabeludo (alopecia total) ou todo o corpo (alopecia universal). Pode acometer tanto homens como mulheres. Entre as possíveis causas estão uma predisposição genética que seria estimulada por fatores desencadeantes, como o estresse emocional e os fenômenos autoimunes (Andreoli, 1998).

- Bursites: Inflamação da bursa, pequena bolsa contendo líquido que envolve as articulações e funciona como amortecedor entre tendões, músculos e ossos que as compõem. Os locais mais afetados são as articulações dos ombros, cotovelos, quadris e joelhos. Ela ocorre mais frequentemente no ombro por causa da grande quantidade de bursas ali existentes. Dentre suas causas figuram traumatismos e infecções, lesões por esforço, uso excessivo das articulações, movimentos repetitivos, artrite e gota (distúrbio do metabolismo das proteínas). Também podem estar associados fatores emocionais que levem a uma tensão crônica na articulação, por estresse, com possível desenvolvimento do processo inflamatório característico. O paciente sente dor e restrição dos movimentos, podendo haver formação de inchaço no local (Blakinston, 1979; Lopes, 2006).

- Cefaleia tensional: Compreende as dores de cabeça secundárias à contração constante da musculatura da cabeça e pescoço decorrente de tensão ou estresse emocional prolongado. A persistência da contratura leva à constrição dos vasos sanguíneos locais o que provoca isquemia (falta de irrigação sanguínea no local). Segue-se uma dor insistente na região occipital que frequentemente se irradia em faixa em torno da cabeça, provocando aumento da sensibilidade do couro cabeludo. Em geral, surge ao final de um dia de trabalho estressante e tende a desaparecer após um período de relaxamento. Se o estresse continuar em situações subsequentes, como no ambiente familiar, por exemplo, a dor persistirá noite adentro, aos finais de semana e nas férias (Kaplan, 1997).

- Dermatite atópica: Transtorno crônico e recorrente da pele que se caracteriza por lesões com vermelhidão, prurido (coceira) intenso e, frequentemente, ressecamento em diferentes partes do corpo, que se apresenta em episódios agudos, por tempos e intensidade variáveis e, geralmente, também com períodos sadios de duração variável. Além disso, se caracteriza por manifestar uma reatividade muito alta da pele a estímulos físicos e irritantes diretos, e uma maior suscetibilidade a certo tipo de infecções cutâneas, por exemplo, a fungos ou ao estafilococo (bactéria natural da pele humana). Essas pessoas são portadoras de pele muito delicada ou sensível. Tem-se podido demonstrar uma tendência genética hereditária nesta doença, frequentemente ligada a outras doenças, tais como Asma Brônquica e Rinite Alérgica. Por isso se aventa a possibilidade de demonstrar a participação de reações alérgicas como a causa da grande maioria dos casos com este transtorno, ainda que se tenha de esclarecer outros muitos fatores que influenciam sua evolução e severidade. Antes, era conhecida como *Neurodermatitis,* sugerindo que este tipo de pele teria uma reação anormal a certos estímulos cutâneos por causa de alterações nas terminações nervosas sensitivas. Essas terminações nervosas normalmente controlam, por exemplo, a sudorese, a dilatação dos capilares ou a secreção das glândulas sebáceas da pele. Atualmente se sabe que, ainda que

PSICOPATOLOGIA E PSICODINÂMICA NA ANÁLISE PSICODRAMÁTICA

o estresse ou as emoções intensas possam exacerbar ou produzir um novo brote de dermatites, isso não quer dizer que esta seja a causa do transtorno em si. O estresse é mais um dos fatores que influenciam neste transtorno, assim como também o são o excesso de suor, de exposição ao sol, ao frio, o contato com roupas ásperas, o contato direto com substâncias irritantes, como solventes, sabões, detergentes, combustíveis e certos metais (Lopes, 2006).

- Dermatite seborreica: Trata-se de uma inflamação crônica da pele que surge em indivíduos geneticamente predispostos. As erupções cutâneas características da doença ocorrem predominantemente nas áreas de maior produção de oleosidade pelas glândulas sebáceas. A causa é desconhecida, mas a oleosidade excessiva da pele juntamente com a presença do fungo *Pityrosporum ovale* estão envolvidos no desenvolvimento da doença. A maior atividade das glândulas sebáceas ocorre sob a ação dos hormônios masculinos (androgênios), por isso, o início dos sintomas ocorre geralmente após a puberdade. Nos recém-nascidos também podem ocorrer manifestações da doença, normalmente devido a algum nível de androgênio materno ainda presente no sangue da criança. Tem caráter crônico, com tendência a períodos de melhora e de piora. A doença costuma se agravar no inverno e em situações de fadiga ou estresse emocional prolongado (Lopes, 2006).

- Enxaqueca: Caracteriza-se por uma dor de cabeça paroxística e recorrente, acompanhada por alterações visuais como "moscas volantes" (pontinhos pretos na visão) e/ou náuseas e vômitos provocados por alterações na circulação arterial craniana. Fatores familiares, conflitos emocionais graves e estresse inespecífico estão fortemente associados ao desencadeamento de crises dolorosas (Kaplan, 1997).

VICTOR R. C. S. DIAS E COLABORADORES

- Hiperidrose: Produção excessiva de suor principalmente nas axilas, palmas das mãos e plantas dos pés desencadeada por fatores emocionais. Costuma ser a exteriorização de forte ansiedade. Difere da sudorese por elevação da temperatura que é mais evidente na testa, pescoço, tronco, dorso das mãos e antebraços. A produção crônica de suor pode levar a lesões de pele, como erupções, bolhas e infecções que predispõem a outras afecções dermatológicas não relacionadas diretamente ao estresse (Kaplan, 1997).

- Fibromialgia: Refere-se a uma condição dolorosa generalizada e crônica. É considerada uma síndrome porque engloba uma série de manifestações clínicas como dor generalizada por um período maior que três meses, a presença de pontos dolorosos típicos (chamados *triger points*), fadiga, indisposição e distúrbios do sono. Atinge principalmente mulheres em idade fértil (80% a 90% dos casos), numa incidência de aproximadamente 5% da população geral. Atualmente, classifica-se a fibromialgia como uma forma de reumatismo associada à sensibilidade do indivíduo quando exposto a um estímulo doloroso, e por envolver músculos, tendões e ligamentos. Porém, não acarreta deformidade física ou outros tipos de sequela. Pode prejudicar sobremaneira a qualidade de vida e o desempenho profissional do paciente. Não existem exames complementares que por si só confirmem o diagnóstico. Pode estar associada à presença do distúrbio funcional de diarreia psicogênica (síndrome do cólon irritável). Diferentes fatores, isolados ou combinados, podem favorecer as manifestações da fibromialgia, dentre eles doenças graves, traumas emocionais ou físicos e mudanças hormonais (Blakiston, 1979; Lopes, 2006).

- Lombalgia: Dor na região lombar, lombo-sacra ou sacro-ilíaca provocada por diversos fatores. Pode ser classificada como aguda e crônica, visto que a aguda geralmente dura menos de três meses. Pode ser causada por esforços repetitivos, excesso de peso, pequenos traumas, condicionamento físico inadequado, erro postural ou posição não ergonômica no trabalho. No entanto, quando a magnitude da dor é desproporcional ao fator desencadeante e provoca reações emocionais excessivas, como ansiedade e até depressão, em geral, está ligada à defesa de somatização (Kaplan, 1997). Já a forma crônica dura mais de três meses, tem períodos de melhora e piora e pode ser causada por doenças infecciosas, metabólicas, tumores, enfraquecimento da musculatura, osteoartrose da coluna, osteofitose (bico de papagaio) e osteoporose, que são causas também relacionadas à idade. Com o passar do tempo as articulações da coluna vão se desgastando, podendo levar à degeneração dos discos intervertebrais (hérnia de disco). Pode ser influenciada ainda por deficiência ou má qualidade crônica do sono, fadiga, falta de exercícios e fatores psicossociais (Rubin, 2004).

- Retocolite ulcerativa: Inflamação da mucosa do intestino grosso (cólon) e do reto sigmoide fazendo que esta se apresente inflamada, vermelha, coberta de muco e com ulcerações. Seus principais sintomas são cólicas abdominais e diarreia com presença de muco (catarro) e sangue nas fezes. Pode evoluir para formação de pseudopólipos (pequenos tumores benignos) na sua forma crônica. Há também uma forma fulminante e letal chamada megacólon tóxico (Blakiston, 1979). A incidência familiar, fatores genéticos e inabilidade em lidar com situações de tensão emocional crônica estão diretamente ligados ao surgimento dessa patologia. Está também intimamente relacionada à síndrome do cólon irritável (Kaplan, 1997).

- Tensão pré-menstrual ou Transtorno disfórico pré-menstrual: Caracteriza-se por alterações subjetivas cíclicas de humor e do senso de bem-estar geral físico e psicológico correlacionadas com o ciclo menstrual. Os sintomas se iniciam logo após a ovulação e aumentam gradativamente até atingirem o máximo de intensidade nos cinco dias que antecedem a menstruação. São apontados como responsáveis pela sintomatologia fatores psicológicos, sociais e biológicos como alterações hormonais de estrogênios, androgênios e prolactina, além do envolvimento de agentes opiáceos endógenos (produzidos pelo próprio corpo) e a produção de prostaglandinas pela musculatura uterina (Kaplan, 1997).

▶ Úlcera gástrica: Perda de tecido, bem circunscrita, que atinge principalmente a mucosa, a submucosa e a camada muscular do tubo digestivo exposto ao suco gástrico. As localizações mais comuns são a porção inferior do esôfago, o estômago ou a primeira porção do duodeno. Além da dor abdominal epigástrica de forte intensidade caracteriza-se por hemorragias contínuas para dentro do trato gastrintestinal, visualizadas pelo surgimento de melenas (fezes escuras como "borra de pó de café"). A ruptura de uma úlcera pode criar uma comunicação anormal entre o trato gastrintestinal e a cavidade peritoneal, caracterizando uma emergência médica potencialmente letal (Blakiston, 1979). As teorias atribuem ao estresse físico e/ou emocional e à ansiedade a produção exagerada de suco gástrico e de pepsina, que sobrepostas à infecção pela bactéria *Helicobacter pylori* levam à ulceração da mucosa (Kaplan, 1997).

▶ Urticária: Caracteriza-se pelo surgimento relativamente agudo de lesões avermelhadas (eritematosas), papulosas (em relevo elevado), numa área de pele circunscrita, que desaparece à pressão digital e é acompanhada de prurido (coceira). Aparece de repente e pode desaparecer rapidamente em uma ou duas horas, podendo também durar até 24 horas. Frequentemente se apresenta em grupos de manchas e aparecem novas manchas enquanto outras desaparecem. Era considerada uma doença essencialmente alérgica secundária à ingestão de certos alimentos ou medicamentos, mas o enfoque moderno deste problema aponta para causas alérgicas e não alérgicas. Quando permanece ativa por seis semanas ou mais é denominada Urticária Crônica e tende a permanecer por longo tempo num eterno vai e vem das crises (em termos médios cerca de cinco anos). É uma doença de origem multifatorial, envolvendo células sanguíneas (mastócitos, linfócitos e eosinófilos) e estruturas proteicas (histamina) que se distribuem na constituição da pele, cujo mecanismo inflamatório não depende exclusivamente do envolvimento da pele, mas sim do organismo geral (Lopes, 2006). Parece ser decorrente de um desequilíbrio entre esses fatores ocasionado por fatores emocionais, chegando a até 80% dos casos segundo alguns estudos (Diniz Moreira, 1983, in: Mello Filho, 1994).

- Gastrite: Caracteriza-se pelo processo inflamatório da camada de células que reveste internamente a parede do estômago, a mucosa gástrica. Pode ser desencadeada por fatores físicos, como infecções, uso de anti-inflamatórios não esteroides (aspirina, ibuprofeno, diclofenaco, entre outros), antibióticos, consumo de álcool, assim como em condições médicas, ou seja, no tabagismo, na quimioterapia, em infecções sistêmicas (septicemia), em isquemia e choque. Também pode ser desencadeada por ansiedade, estresse físico e/ou psíquico. Na forma aguda pode causar hemorragias para o interior do estômago. Em casos graves, pode levar ao desprendimento da mucosa provocando sangramentos que podem se estender desde o esôfago até o intestino delgado. Os sintomas variam desde leve desconforto na região epigástrica, azia, náuseas, vômitos até dor de intensidades variáveis. Algumas vezes a perda de sangue pode se tornar intensa a ponto de levar ao choque e morte. Na forma crônica costuma associar-se à dispepsia (mau funcionamento da motilidade gástrica), ao refluxo gastroesofágico (passagem de conteúdo gástrico para o esôfago) e/ou à infecção pela bactéria *Helicobacter pylori*. Para o tratamento recomenda-se o uso de medicamentos específicos para cada agente causal, como antiácidos, inibidores da secreção gástrica, reguladores da motilidade gástrica, antibióticos, entre outros, sendo a psicoterapia apontada como forma de apoio essencial a todas as demais ações preconizadas (Andreoli, 1998; Kaplan, 1997).

▸ LER/DORT: Dá-se o nome LER ao conjunto de doenças causadas por esforço repetitivo. Esta denominação engloba uma síndrome de dor nos membros superiores acompanhada por grande incapacidade funcional, causada pelo uso das extremidades superiores em tarefas que envolvem movimentos repetitivos ou posturas forçadas. Também é conhecido por LTC (Lesão por Trauma Cumulativo) e por DORT (Distúrbio Osteomuscular Relacionado ao Trabalho). A síndrome envolve doenças como tenossinovite, tendenite, bursite, entre outras doenças osteomusculares. Embora seja conhecida desde o início do século XX, tornou-se mais frequente estatisticamente devido ao advento da informática e ao uso rotineiro de computadores, a partir da década de 1990. Está associada à má postura, ao estresse ou ao trabalho que solicite excessivamente as estruturas implicadas, seja em atividades profissionais seja na prática de esportes, cuja repetição de movimentos provoque as lesões, aliada à falta de tempo para a recuperação delas. Segundo o Protocolo de atenção integral à Saúde do Trabalhador do Ministério da Saúde de 2006 e estudos de Przysiezny, da UFSC, há fatores de risco interdependentes que interagem entre si e que devem ser considerados de forma integrada. Estes envolvem aspectos biomecânicos, cognitivos, sensoriais, afetivos, psicológicos e de organização da atividade ou do trabalho. As queixas mais comuns são dor localizada, irradiada ou generalizada, desconforto, fadiga, sensação de peso, formigamento, dormência, sensação de diminuição de força, inchaço, enrijecimento muscular, choques nos membros envolvidos e falta de firmeza nas mãos. Nos casos mais crônicos e graves pode ocorrer sudorese excessiva nas mãos e alodínea (sensação de dor como resposta a estímulos não nocivos em pele normal). Pode associar-se a quadros de depressão e ansiedade. O tratamento deve buscar uma abordagem integrada que envolva medidas ergonômicas, exercícios físicos de fortalecimento e de alongamento, fisioterapia, uso de anti-inflamatórios, analgésicos e corticoides. Muito comumente são recomendados antidepressivos em quadros de dores crônicas ou quando associadas a sintomas de humor e/ou ansiedade. Intervenção cirúrgica é indicada para casos associados com má formação e deformidades osteomusculares irreversíveis ao tratamento medicamentoso. Em função do comprometimento da qualidade de vida geral da pessoa faz-se necessário indicar psicoterapia com finalidade de suporte, a fim de garantir a adesão e o sucesso do tratamento, além de também auxiliar na resolução dos possíveis conflitos emocionais associados às causas desencadeantes.

- Prurido: Sensação de coceira na pele. O coçar persistente pode causar vermelhidão (hiperemia) e fissuras na pele que intensificam o prurido, criando um círculo vicioso. A fricção prolongada pode acarretar espessamento e formação de cicatrizes. Pode se manifestar de forma localizada ou generalizada. Surge como sintoma de uma doença dermatológica, como a escabiose (sarna), pediculose (piolho), picadas de insetos, urticária, dermatite atópica, dermatite alérgica ou de contato com solventes, metais ou cosméticos. Manifesta-se também em algumas doenças sistêmicas como no diabetes melito, doenças hepáticas, insuficiência renal, gota, alterações da tireoide, alergias alimentares, linfomas, leucemias e câncer. Pode ocorrer na gravidez e na senilidade devido ao ressecamento da pele. Medicamentos também podem ocasionar prurido, como barbitúricos, analgésicos, antibióticos, anti-inflamatórios, assim como no uso crônico de drogas psicotrópicas, mais comumente a cocaína e a heroína. Quando não se identifica nenhuma causa aparente à qual se possa atribuí-lo é denominado psicogênico, situações estas em que se estabelece algum tipo de relação entre conflitos psicológicos e ocorrência destes. Na forma localizada, manifesta-se como prurido anal (*Pruritus ani*) que, quando não associado à presença de irritação local, como na presença de evacuações ácidas, verminose (oxiuríase) ou micoses, pode estar ligado a deficiências nutricionais ou intoxicação por drogas. Porém, pode adquirir evolução atípica, apresentando-se de forma persistente e resistente aos tratamentos convencionais. Nesta situação, está associado a transtornos psíquicos ou pode ser a somatização de conflitos emocionais. Também pode exteriorizar-se como prurido vulvar que, inicialmente, decorre de doença dermatológica e/ou sistêmica, vindo posteriormente a persistir como expressão de defesa de somatização, frequentemente ligada a conflitos na esfera sexual (Kaplan, 1997; Andreoli, 1998).

- Síndrome do Cólon Irritável (SCI): Perturbação gastrintestinal funcional caracterizada por dor e/ou desconforto abdominal associadas a alterações do trânsito intestinal, com consequente alteração da consistência das fezes. Uma das classificações clínicas considera três subtipos: a) SCI com obstipação (SCI-O); b) SCI com diarreia (SCI-D); c) SCI com alternância entre diarreia e obstipação (SCI-OD). As manifestações gastrintestinais podem ser crônicas ou recorrentes e não estão associadas a qualquer alteração bioquímica ou estrutural intestinal. Às suas causas atribuem-se alterações da motilidade de todo o tubo digestivo e a alteração da propagação dos estímulos elétricos responsáveis pelo movimento intestinal. Em estudos estatísticos europeus e americanos atinge 10 a 20% da população, acometendo duas vezes mais mulheres do que homens, na faixa etária que vai do final da adolescência aos 30 anos de idade. O quadro clínico é de dor do tipo cólica, intermitente e mais localizada na porção inferior do abdômen. Costuma aliviar com a evacuação e piorar com o estresse ou nas primeiras horas após as refeições. As fezes, na maioria dos pacientes, são diarreicas, amolecidas ou aquosas, podendo conter muco. Outros se queixam de constipação quando evacuam menos do que seu habitual ou até menos que uma vez por semana. Em muitos pacientes alternam-se períodos de diarreia com constipação. Eructações (arrotos), azia, náusea e sensação de empachamento são comumente descritos. Podem apresentar ainda dor de cabeça, irritabilidade e até alterações ao urinar. É possível que infecções intestinais sejam responsáveis pelo aparecimento da SCI em alguns casos. É descrito que essas pessoas têm menor limiar para dor em nível intestinal, o que as leva a interpretar como dor ou desconforto pequenos volumes de gás ou fezes no intestino, volumes estes que normalmente não perturbariam indivíduos sem a síndrome. Alto grau de ansiedade, variações de humor, tristeza, perfil depressivo e distúrbios do sono estão frequentemente associados. Podem também ser manifestações de defesa de somatização (Andreoli, 1998; Kaplan, 1997).

B. QUANDO A SOMATIZAÇÃO DO CONFLITO EMOCIONAL DESENCADEIA E/OU AGRAVA O CURSO DE UMA DOENÇA FÍSICA, MAS QUE NÃO PODE SER ATRIBUÍDA COMO UMA DE SUAS CAUSAS.

DIAS PROPÕE QUE SE AGRUPEM AQUI AS DOENÇAS DE AUTOAGRESSÃO. PODEM FIGURAR TAMBÉM ALGUMAS DOENÇAS INFECCIOSAS.

COMO RESPOSTA À PSICOTERAPIA, QUANDO O CONFLITO INTRAPSÍQUICO VEM PARA O PSICOLÓGICO, OCORRE UMA REDUÇÃO NAS CRISES DE AGUDIZAÇÃO DOS SINTOMAS, PORQUE O CONFLITO PASSA PARA A ESFERA PSÍQUICA E A ANGÚSTIA DEIXA DE SER DESCARREGADA NO CORPO.

HÁ UMA MELHORA NA FREQUÊNCIA DAS CRISES TENDENDO A SE TORNAR MAIS BRANDAS E ESPAÇADAS. A RESPOSTA ÀS MEDICAÇÕES COSTUMA SER MAIS EFICIENTE, PORÉM NÃO SE PODE FALAR EM CURA PORQUE A DOENÇA NÃO DESAPARECE DO ÓRGÃO COMPROMETIDO, MAS PASSA A SE MANIFESTAR DE MANEIRA MENOS AGRESSIVA E/OU MENOS CONSTANTE.

É O QUE OCORRE NAS DOENÇAS AUTOIMUNES COMO:

- Artrite reumatoide: Doença inflamatória crônica sistêmica que afeta as articulações e outros órgãos. A causa é desconhecida e não possui nenhum teste diagnóstico específico. O American College of Rheumatology estabeleceu como critério para o diagnóstico a observação contínua, por seis semanas ou mais, de pelo menos quatro dos sete critérios seguintes: rigidez articular matinal com duração maior ou igual a uma hora; edema (inchaço) de três ou mais articulações; edema das articulações das mãos interfalangianas (dedos) e/ou metacarpo falangianas (punho); edema simétrico (bilateral) dos tecidos moles periarticulares; presença de nódulos subcutâneos; teste para fator reumatoide no sangue positivo e erosões articulares e/ou periarticulares com diminuição da densidade óssea, nas mãos ou punhos, observadas em exames radiológicos. Seu aparecimento ocorre entre a 4ª e 6ª década de vida (exceto a forma juvenil). As mulheres são mais frequentemente acometidas do que os homens (duas a três vezes). Sua etiologia permanece desconhecida e os pesquisadores tentam três pontos de investigação: fatores genéticos, anormalidades autoimunes e infecção microbiana aguda ou crônica como gatilho para a doença. Os fatores emocionais modulam a intensidade e frequência das crises (Ballone; Kaplan, 1997).

- Asma e bronquite psicogênicas: Fazem parte do capítulo das Doenças Pulmonares Obstrutivas que envolvem uma resposta inflamatória do aparelho respiratório que acaba levando à obstrução da passagem do ar pelas vias aéreas inferiores. Ocorre por causa de múltiplos estímulos que desencadeiam uma hiper-reatividade da musculatura que envolve as vias menores (brônquios e bronquíolos) resultando no estreitamento dessas vias de passagem, podendo obstruí-las parcial ou totalmente. Como resultado desse processo a pessoa apresenta dispneia (falta de ar), que é sentida mais acentuadamente na expiração. Pode se reverter espontaneamente ou necessitar de tratamento medicamentoso. Devido à repetição dos episódios pode levar a lesões residuais que se acumulam como sequelas (esclerose) levando à cronicidade do quadro (Kaplan, 1997, Lopes, 2006). Embora muitos dos fatores desencadeantes das crises de falta de ar sejam componentes alérgicos parece haver uma forte influência dos fatores emocionais no seu desencadeamento, tanto que alguns psicanalistas descreveram tipos de personalidade de "caráter asmático" que delineava o perfil desses pacientes (Kaplan, 1997; Ey, 1965).

- Doença de Crohn: Doença crônica que causa inflamação do intestino delgado, geralmente da parte inferior do intestino delgado, no chamado íleo. Também pode afetar qualquer parte do trato digestivo, da boca ao ânus. É sinônimo de ileíte ou enterite. A inflamação pode causar dor e levar a evacuações frequentes, resultando em diarreia. Seu diagnóstico pode ser difícil porque os sintomas são semelhantes aos de outros distúrbios intestinais, como a Síndrome do Cólon Irritável e a Retocolite Ulcerativa. Sua causa ainda não é conhecida. Fatores ambientais, alimentares, genéticos, imunológicos, infecciosos e raciais têm sido exaustivamente investigados como possíveis causadores da patologia. Uma das teorias mais populares é a imunológica, em que o organismo reagiria a algum vírus ou bactéria, causando inflamação contínua do intestino, sob clima de forte tensão emocional (Blakiston, 1979; Lopes, 2006).

- Doença de Raynaud: Também chamada "fenômeno de Raynaud", está associada à contração de pequenas artérias e arteríolas da pele, fazendo que ela se apresente com alterações na sua coloração e temperatura, caracteristicamente nas extremidades dos dedos das mãos e pés. Inicialmente surge como palidez e esfriamento da pele devido à redução brusca da circulação sanguínea local, associada ou não à dor, seguida por arroxeamento (cianose) e amortecimento ou formigamento intermitentes, às vezes entremeados por rubor (avermelhamento) e calor reflexos. Pode ser precipitada ou agravada por baixas temperaturas e muitas vezes associada a doenças arteriais obstrutivas. Algumas descrições atribuem o desencadeamento das crises a situações de tensão emocional e estresse externo (Kaplan, 1997; Lopes, 2006).

- Lúpus eritematoso sistêmico: Moléstia de origem desconhecida, caracterizada clinicamente por cansaço, perda de peso, febre, dores musculares e articulares, anemia e queda do número de glóbulos brancos sanguíneos (leucopenia), frequentemente surge lesão característica, avermelhada e bem delimitada na pele da região da face, em forma de asa de borboleta (erupção cutânea eritematosa). Ocorre por alterações fundamentais no sistema imunológico da pessoa, atingindo predominantemente mulheres em qualquer idade, mas com incidência maior entre 16 e 55 anos. O corpo desenvolve anticorpos que reagem contra células normais podendo atingir a pele e causar lesões irreversíveis nas articulações, nos olhos e nos rins, entre outras. Evolui por meio de períodos de exacerbação dos sintomas seguidos por remissão da doença (fase inativa). O fenômeno de Raynaud é comum nessas pessoas. A maioria dos casos ocorre esporadicamente, indicando que fatores genéticos e ambientais têm um papel importante na determinação da doença, além do estresse, como frequente disparador do processo (Kaplan, 1997; Lopes, 2006).

- Miastenia gravis: Doença que afeta grupos musculares do corpo causando fraqueza e fatigabilidade a partir da movimentação progressiva daquela musculatura. Atinge, especialmente, os grupos musculares responsáveis pela movimentação dos olhos, músculos extraoculares, causando queda das pálpebras (ptose palpebral) e/ou visão dupla (diplopia), comprometendo a leitura ou até o dirigir veículos, por exemplo. Quando afeta os grupos musculares envolvidos na deglutição, causa dificuldades no mastigar e engolir alimentos associados ou não a problemas na fala. Com sua evolução, pode também atingir a musculatura envolvida na respiração ocasionando dificuldade respiratória grave e morte. É uma doença autoimune provocada pela produção de anticorpos que lesam receptores situados na região da membrana das células musculares que recebe a transmissão do impulso nervoso para se movimentar, denominada placa mioneural. Devido ao fenômeno da produção de autoanticorpos, muitas vezes está associada a outras doenças causadas por mecanismo semelhante como a tireoidite autoimune ou o lúpus eritematoso sistêmico. Pode surgir em qualquer idade, porém quando se inicia em adultos jovens é três vezes mais comum em mulheres do que em homens, e quando começa na terceira idade afeta igualmente tanto homens como mulheres. Como nas demais doenças autoimunes pode ser agravada por estressores emocionais (Lopes, 2006).

- Psoríase: Doença inflamatória da pele, crônica, caracterizada pelo aparecimento de placas vermelhas, cobertas de escamas imbricadas branco-prateadas. Atinge especialmente as superfícies de extensão do corpo e do couro cabeludo. Patologistas do Hospital Saint Louis, de Paris (Ortonne e cols.), afirmam que a Psoríase é uma dermatose inflamatória resultante de um equilíbrio epidérmico anormal, caracterizado pela proliferação exagerada e pela diferenciação anormal dos queratinócitos (células da epiderme responsáveis pela produção de queratina), e também por uma ativação anormal do sistema imunológico. As escamas em placas que cobrem as lesões da Psoríase são compostas de células mortas e a vermelhidão das lesões é causada pelo aumento da irrigação sanguínea nesse local para favorecer, indevidamente, o crescimento rápido de novas células. A questão emocional atua como um dos fatores desencadeantes da Psoríase em pessoas com predisposição genética para a doença. Fala-se em componente genético porque cerca de 30% das pessoas que têm Psoríase também têm familiares acometidos por ela. A Psoríase não é uma doença contagiosa, portanto não há necessidade de evitar o contato físico com outras pessoas, apesar das lesões apresentarem características às vezes repulsivas (Blakiston, 1979; Lopes, 2006).

- Tireoidites autoimunes: Corresponde a um grupo de doenças em que o corpo passa a produzir anticorpos contra estruturas da glândula tireoide resultando numa produção hormonal alterada. Quando se trata de uma síndrome clínica resultante da produção elevada de hormônio da tireoide produz clinicamente nervosismo, taquicardia e palpitações, ansiedade acompanhada por fadiga, tremores finos, olhar vago, sudorese aumentada e retardo no movimento de piscar os olhos. Esse processo se chama hipertireoidismo e, pode levar semanas para se apresentar, como na *Doença de Graves*, em que o paciente pode manifestar, no início do quadro, afeto embotado, labilidade emocional, perda de peso e fraqueza muscular, que pode afetar as funções cardiovasculares com arritmias ou insuficiência cardíaca. Outras vezes chega a provocar um fenômeno chamado "tempestade tireoidiana" ou tireotoxicose que se constitui num quadro mais agudo e grave manifesto por febre, rubor, sudorese, taquicardia intensa, podendo levar a quadros de arritmia cardíaca severa, agitação psicomotora acentuada e delírios, culminando em coma. Diarreia, náuseas e vômitos podem também acompanhar esses episódios (Lopes, 2006).

Outra doença que se inaugura com quadro semelhante, mas que evolui gradualmente para a diminuição até a suspensão total da produção hormonal da tireoide é a *tireoidite de Hashimoto*. Esta decorre da inflamação persistente e lenta da glândula resultando frequentemente em hipotireoidismo, situação oposta ao hipertireoidismo. Caracteriza-se por fadiga, lentidão motora e do pensamento, fraqueza, intolerância ao frio, queda de cabelos, pele seca, ganho de peso, constipação intestinal, dores musculares e irregularidade menstrual. Comumente é confundida com quadro de depressão. Pode ocorrer em qualquer faixa etária, sendo mais comum entre mulheres de meia-idade. Não raramente está associada com outros distúrbios endócrinos autoimunes, como diabetes melito, doença de Addison, hipoparatireoidismo, hipopituitarismo, entre outros. Com incidência de 1:10.000 pessoas, tem como fatores de risco a herança genética e predominância no sexo feminino. À semelhança das demais doenças autoimunes sofre grande influência do estado emocional e comumente pode ser desencadeada por situação de forte estresse psicológico (Lopes, 2006).

- Tonturas, vertigem e labirintite: Termos usados como correlatos, porém são manifestações de diferentes problemas de saúde cujo denominador comum é alguma alteração no equilíbrio do corpo. Podem ser a expressão de outros sintomas como dor de cabeça, sensação que antecede um desmaio, falha na visão, debilidade fugaz nas pernas, leve sensação de náuseas, desorientação no espaço ou confusão mental, entre outros. No entanto, tontura é a sensação errônea de movimento do nosso corpo em relação ao ambiente ou deste em relação ao nosso corpo. Quando esta sensação adquire característica rotatória é chamada vertigem. Muitas vezes, os quadros de vertigens são acompanhados de náuseas e vômitos e, quando muito intensos, de uma sensação angustiante de morte iminente. No entanto, são sintomas de alguma doença.

Já a labirintite é uma doença específica, com origem no labirinto, órgão posicionado no ouvido interno, responsável pelas informações sobre a orientação espacial e pelo equilíbrio do corpo, cujo quadro clínico se apresenta por tontura, náusea e vertigem.

Todos esses problemas podem alcançar grande desconforto, a ponto de causar prejuízos à atividade diária e à qualidade de vida da pessoa. Sintomas de desequilíbrio costumam provocar insegurança física e psíquica que podem desencadear ou agravar quadros de ansiedade e depressão. Suas causas vão desde problemas circulatórios, como hipertensão, alterações das vias de condução neurológica do equilíbrio ou da visão, transtorno de ansiedade ou outras patologias psiquiátricas, secundária ao uso de medicamentos, infecções, disfunções da articulação têmporo-mandibular ou mesmo ter origem genética. O tratamento envolve medicamentos sintomáticos, os específicos para a doença de base e a psicoterapia com o foco na possível defesa de somatização, que pode agravar ou mesmo desencadear alguma das patologias associadas citadas (Lopes, 2006).

- Vitiligo: Doença caracterizada pela perda da coloração natural da pele que se manifesta por manchas mais claras que a pele normal, que vão se tornando mais acentuadas, cujas bordas vão escurecendo e tomando formas e dimensões variáveis. Com tendência a se localizarem de maneira simétrica, podem assumir a forma localizada, se restringem a um segmento do corpo ou chegarem à forma universal, atingindo toda extensão da pele. Acomete de 1 a 2% da população em geral e pode ocorrer em qualquer idade, sem predominância quanto ao sexo, visto que mais da metade dos casos surge antes dos 20 anos de idade. A predisposição genética parece estar presente em 30% dos casos, porém outras teorias levantam possíveis causas neuro-hormonais, químicas e autotóxicas. No entanto, as maiores evidências apontam para processos autoimunes, ao evidenciarem nas lesões o desaparecimento das células produtoras do pigmento que dá o tom da pele do indivíduo, a melanina, caracterizada pela ausência destas células na epiderme desses pacientes. Os fatores mais frequentemente associados como desencadeantes são os eventos psicológicos traumáticos, além de doenças específicas, queimaduras ou ferimentos. Talvez isto explique sua associação com tireoidite de Hashimoto, diabetes, lúpus eritematoso sistêmico, miastenia grave, entre outras (Lopes, 2006).

Entre as doenças de origem infecciosa podemos citar:

- Herpes genital e labial: De origem infecciosa, a forma genital é doença considerada sexualmente transmissível. A pessoa contrai o herpes vírus simples tipo 2 (HSV-2) por meio do contato direto com secreções infectadas na região genital, pertinente ao tipo de atividade sexual praticada. A população sexualmente ativa de maior risco figura nas estatísticas americanas na faixa etária de 14 a 29 anos. Após 2 a 7 dias de incubação o vírus se replica no interior das células do epitélio que recobre o órgão (pele dos genitais externos e períneo, mucosa vaginal, do colo uterino e/ou do ânus) rompendo-as, formando vesículas com líquido transparente em seu interior, tornando o local inchado, avermelhado e doloroso. Os linfonodos locais (gânglios linfáticos) aumentam de volume ficando igualmente dolorosos. Persistem de 7 a 14 dias, acompanhados por febre e mal-estar por ocasião da infecção. Desaparecem espontaneamente. Após algum tempo de latência em que permanece inativo, o vírus volta a se multiplicar, a partir de um reservatório que estabelece em um gânglio nervoso da região acometida, e passa a se manifestar periodicamente, em surtos recorrentes, precipitados por estressores psicológicos e/ou físicos, como quadros depressivos ou menstruação, por exemplo. Muitas vezes o ressurgimento das lesões é caracteristicamente precedido por alteração da sensibilidade local, como formigamento ou queimação. Nesses pacientes, os benefícios da psicoterapia são de grande utilidade na prevenção das crises de recidiva das lesões. A forma labial é igualmente de origem infecciosa por meio do contato direto com lesões em torno da boca de outra pessoa e se desenvolve de maneira semelhante ao herpes genital, porém em gânglios linfáticos cranianos. O comportamento é surgir em crises desencadeadas por estresse físico e/ou emocional e se beneficia igualmente das intervenções psicoterápicas (Lopes, 2006).

- Tuberculose: Doença contagiosa, transmitida de um doente com a doença pulmonar cavitária (lesão que destrói parte do pulmão formando verdadeiras cavidades em seu interior), por via respiratória, para pessoa suscetível e que nunca tenha sido contaminada pelo agente *Mycobacterium tuberculosis*. De início insidioso se manifesta por sudorese noturna ou calafrios e fadiga. Metade dos pacientes apresenta febre baixa, tosse por períodos prolongados e catarro com sangue (hemoptise). Os grupos populacionais mais vulneráveis são os lactentes, as crianças, os adolescentes e os idosos. Pode se manifestar sob formas extrapulmonares como a tuberculose meníngea, a miliar (disseminada por um ou mais órgãos), a óssea e a articular. Doenças que deprimam o sistema imunológico, em especial as que afetam a imunidade celular como aids, por exemplo; doenças metabólicas como diabetes melito; outras doenças concomitantes como sarcoidose, silicose e condições médicas prévias, como gastrectomia, alcoolismo, entre outras, podem contribuir para a progressão da tuberculose. Henry Ey (1965) ressalta a influência da "perda do principal apoio afetivo nos meses que precedem o início da tuberculose pulmonar" referindo-se às pesquisas que demonstram a magnitude dos fatores emocionais no desenvolvimento desta doença. Kaplan aponta que o início e/ou o agravamento da doença está comumente associado a estresse agudo ou crônico (Kaplan, 1997).

C. Quando a somatização do conflito emocional apenas agrava uma doença preexistente.

É o que costuma acontecer nas doenças crônicas e/ou incuráveis. Nestas, geralmente o paciente tem dificuldade em se tratar, em se responsabilizar pelo tratamento e segui-lo

A CONTENTO, A DESPEITO DAS CONSEQUÊNCIAS PREJUDICIAIS À EVOLUÇÃO DO PROCESSO.

COMO NO TRABALHO DA PSICOTERAPIA O CONFLITO VEM PARA O PSICOLÓGICO, HÁ MELHORA DA RESPOSTA ÀS MEDICAÇÕES E MAIOR RECEPTIVIDADE DO PACIENTE AO TRATAMENTO CLÍNICO E/OU CIRÚRGICO DE QUE VENHA A NECESSITAR. MELHORA SIGNIFICATIVAMENTE A ADERÊNCIA AO TRATAMENTO. O DOENTE FICA MAIS DISPONÍVEL PARA SE TRATAR APESAR DE CONTINUAR DOENTE. SÃO DOENÇAS EM QUE A HERANÇA GENÉTICA E/OU OS FATORES AMBIENTAIS ATUAM COMO SEUS DETERMINANTES, MAS OS ASPECTOS EMOCIONAIS EXERCEM UM PAPEL PREPONDERANTE COMO COADJUVANTES EM SUA EVOLUÇÃO.

ENUMERAMOS ALGUMAS DAS DOENÇAS MAIS FREQUENTEMENTE ENCONTRADAS NESSAS CIRCUNSTÂNCIAS:

- Aids: A síndrome da imunodeficiência adquirida (*Acquired Immune Deficiency Syndrome*) é a denominação de um conjunto de distúrbios causados pela disfunção do sistema de defesa contra infecções do organismo, resultante da infecção pelo vírus da imunodeficiência humana (HIV - *Human Immunodeficiency Virus*). O HIV destrói os linfócitos T, células responsáveis por parte das defesas do organismo, tornando a pessoa vulnerável a outras infecções e doenças oportunistas, assim chamadas por surgirem nos momentos em que o sistema imunológico do indivíduo está enfraquecido. A transmissão do vírus se dá por meio de contato sexual ou sangue contaminado (transfusão de sangue e derivados, uso compartilhado de drogas injetáveis ou da mãe para o filho durante a gestação, parto ou amamentação). A infecção pelo HIV pode ser dividida em quatro fases clínicas: 1) infecção aguda; 2) fase assintomática ou de latência clínica; 3) fase sintomática inicial e 4) aids. Nas fases de infecção e assintomática o vírus pode ficar silencioso e incubado por muitos anos e a pessoa infectada não apresentar nenhum sintoma ou sinal da doença. O período entre a infecção pelo HIV e a manifestação dos primeiros sintomas da aids dependerá, principalmente, do estado de saúde da pessoa (Lopes, 2006). Como nas demais doenças que envolvem o sistema imunológico, a produção de anticorpos e demais fatores de defesa do organismo, também nesta doença, são diretamente influenciados pelo estado emocional do indivíduo. Daí a importância da abordagem psicoterápica adequada e eficiente, atrelada ao tratamento medicamentoso, no sentido de retardar ao máximo o desencadeamento da fase sintomática. Uma vez manifestada a doença, se aplica como importante coadjuvante para promover a aderência ao tratamento, realização dos inúmeros exames de controle e diagnósticos, além de auxiliar na manutenção das condições de saúde do indivíduo como agente preventivo às infecções oportunistas. Cabe salientar que a psicoterapia ocupa papel fundamental nas diversas fases da doença na medida em que aborda os aspectos psicossociais implicados nessa patologia em especial. Por ser uma doença de transmissão sexual, historicamente vinculada a condutas socialmente reprováveis (homossexualidade, promiscuidade sexual, drogadição, prostituição), ainda hoje carrega os estigmas que a acompanham desde o início da epidemia. Essas questões desencadeiam forte angústia circunstancial no paciente. Além disso se sobrepõe uma angústia existencial, visto que terá de rever seu projeto de vida em função de suas condições de saúde e psicossociais, alteradas desde o diagnóstico da infecção e complicadas pelo posterior surgimento da doença. Ao superar esses obstáculos abre-se a possibilidade da autoaceitação, o que muito colabora para o autocuidado e auxilia nas questões da reinserção afetiva perante seus pares, seja no âmbito familiar, de amizades, profissional como socialmente.

Muitas vezes os empecilhos são impostos pelo próprio doente, uma vez deflagrada sua angústia patológica. A partir da detecção desta dá-se início ou seguimento ao processo de psicoterapia, independentemente da condição de ser portador do vírus ou já ter manifesto a doença.

- Cardiopatias: Doenças que acometem o coração sejam de origem primária ou do próprio órgão, como as decorrentes da má-formação de suas estruturas durante a gestação (cardiopatias congênitas); de problemas inerentes ao músculo cardíaco em si (cardiomiopatias); de alterações da condução do estímulo elétrico cardíaco (arritmias cardíacas); de problemas dos vasos que irrigam o músculo cardíaco (coronariopatias); ou secundárias de doenças em outros órgãos e sistemas que afetam o funcionamento cardíaco por causarem sobrecarga deste, como acontece na má-formação dos grandes vasos sanguíneos; moléstias pulmonares com repercussão cardíaca (asma, enfisema, hipertensão pulmonar); doenças renais (hipertensão arterial, insuficiência renal); doenças metabólicas, hormonais, tumorais ou infecciosas (diabetes melito; tireotoxicose, feocromocitoma, doença de Chagas etc.). Clinicamente, o paciente apresenta falta de ar progressiva por causa de esforços, fraqueza e indisposição, inchaço dos membros inferiores que costuma piorar ao final do dia. Com a piora da função cardíaca, a falta de ar vai se intensificando até se fazer presente mesmo com a pessoa em repouso, e o inchaço progride até atingir todo o corpo. O tratamento depende da origem e das doenças associadas, o que compromete significativamente a qualidade de vida do indivíduo. A estabilidade emocional contribui significativamente para o enfrentamento da doença em si, assim como auxilia na aderência e na resposta aos tratamentos instituídos (Andreoli, 1998).

- Diabetes melito: Doença causada pela produção insuficiente ou inadequada de insulina pelo pâncreas. A insulina é o hormônio que promove a utilização da glicose (tipo de açúcar) circulante no sangue pelas células do corpo. Clinicamente, a doença se apresenta pela excessiva eliminação de urina (poliúria) e por sede intensa (polidípsia). Com a evolução, a doença atinge secundariamente o metabolismo das gorduras e das proteínas, promovendo perda de peso, apesar do aumento da ingestão alimentar, cansaço, abatimento físico e um característico hálito cetótico (cheiro de maçã verde). Por causa dessa falha hormonal, a glicose vai se acumulando na corrente sanguínea além dos níveis adequados, até chegar ao quadro comumente inaugural da doença, de hiperglicemia (excesso de açúcar no sangue) e coma, que se não detectado a tempo pode ser fatal. Cronicamente, devido aos subprodutos do metabolismo alterado dos carboidratos serem depositados nos pequenos vasos de todo o corpo, provoca microinfartos por obstrução dos pequenos vasos arteriais podendo causar cegueira (retinopatia diabética), ulcerações que levam frequentemente a amputações de membros inferiores, além de problemas neurológicos (neuropatia diabética). Ao longo do tempo, provoca progressiva má circulação arterial nos rins que culmina com quadros terminais de insuficiência renal. Existem dois tipos principais de diabetes melito. O tipo I que acomete pessoas jovens e crianças é devido a inexistente ou baixa produção de insulina, tem moderada influência genética (50% dos casos) e geralmente é precipitado por resposta autoimune decorrente de infecção por vírus, toxina associada e/ou fatores psicológicos. O tipo II geralmente ocorre em pessoas acima de 40 anos e se deve ao fato da insulina não conseguir agir apesar de sua produção ser normal, o que se denomina resistência periférica à insulina; tem grande influência genética (80 a 100% dos casos) e geralmente está associado à obesidade e ao avanço da idade. Ambos os tipos são suscetíveis às variações emocionais, em especial os pacientes com o tipo I, o que faz que a psicoterapia seja coadjuvante importantíssimo às medidas clínicas (Kaplan, 1997; Lopes, 2006).

Clouse e cols. (2003) apontam que também a depressão pode ser um importante fator de risco para o desencadeamento da diabetes, principalmente do tipo II, sugerindo que o estado depressivo provoca uma alteração hormonal capaz de provocar o diabetes.

- Hipertensão arterial: Corresponde ao aumento da pressão sanguínea acima dos valores estabelecidos como normais para a manutenção da vida. Pode ser ocasionado por alguma doença física de base, como doenças renais, vasculares, alterações hormonais, ou em decorrência do uso de medicamentos ou drogas. Nessas circunstâncias, é denominada hipertensão secundária. Porém, existe um significativo número de casos (20% de algumas estatísticas americanas) em que não se detecta nenhuma causa orgânica que explique sua ocorrência, sendo então chamada de hipertensão primária ou essencial. Nesses casos, o que se aventa é a possibilidade de um desequilíbrio entre os vários fatores de regulação pressórica. Entre eles, os fatores emocionais atuam de maneira importante. Podem participar diretamente como desencadeantes de crises hipertensivas, na vigência ou após evento traumático. Indiretamente podem atuar como fator desencadeante ou coadjuvante de determinadas patologias que possam levar ao aumento dos níveis pressóricos, como é o caso da obesidade, uso abusivo de álcool, cigarros ou de outras substâncias psicoativas, por exemplo (Lopes, 2006).

- Neoplasias: Derivado de radicais gregos (*neos* = novo + *plassein* = formar), o termo é utilizado para denominar os vários tipos

PSICOPATOLOGIA E PSICODINÂMICA NA ANÁLISE PSICODRAMÁTICA

de câncer. São os tumores que se formam pela multiplicação de células atípicas, de maneira independente do restante do corpo, e de forma contínua. Essa multiplicação consegue imitar todo tipo de tecido, podendo surgir a partir de qualquer órgão preexistente. Classificados como malignos, seu crescimento é rápido e infiltrativo, não tem limites precisos, causando a destruição dos tecidos circunvizinhos. Podem originar metástases, que são focos a distância do tumor original, formados pela migração de células que dele se desprendem, caminham pela circulação sanguínea ou linfática, e se alojam em outras partes do corpo. Como o crescimento é indefinido e sem nenhuma função útil, consome boa parte dos nutrientes que se destinariam a manter o organismo vivo e saudável, podendo levar a um quadro de desnutrição grave e avançada, chamado caquexia. As repercussões do desenvolvimento de uma neoplasia são muito variáveis de um indivíduo para outro e até num mesmo indivíduo. Essa variabilidade de manifestações depende não só da neoplasia em si como também dos mecanismos de defesa do doente (Lopes, 2006). Esta peculiaridade abre as chances adicionais de se modificar o curso da doença por meio do processo de psicoterapia, após a instituição do tratamento médico mais adequado para cada caso (Andreoli, 1998). Vale assinalar que como o crescimento tumoral está intimamente interligado ao sistema imunológico pode-se adicionar às neoplasias a somatória do raciocínio das doenças autoimunes, uma vez que a redução da angústia patológica desempenha destacada função coadjuvante ao tratamento medicamentoso, cirúrgico, químio e/ou radioterápico, além das indicações descritas para este terceiro grupo de doenças.

- Pneumopatias: Doenças que acometem o pulmão, seja de origem primária, como as decorrentes da má-formação congênita de suas estruturas (pneumopatias congênitas); de alterações das

105

vias aéreas (asma, tuberculose, tumores); alterações da superfície de troca entre os gases do ar e do sangue (enfisema, bronquiectasias, pneumatoceles, silicose) ou secundárias, que são as doenças que afetam o funcionamento pulmonar como consequência de problemas em outros órgãos e sistemas, como ocorre na má-formação dos grandes vasos sanguíneos; na má-formação da caixa torácica; nas doenças cardíacas com repercussão respiratória (insuficiência cardíaca congestiva); doenças infecciosas ou degenerativas (tétano, miastenia gravis), entre outras. Os sinais clínicos mais evidentes são falta de ar, arroxeamento da pele e mucosas (cianose) em geral progressivamente incapacitantes. Muitas vezes, levam os doentes a dependerem de máscaras de oxigênio, de broncodilatadores e/ou de respiradores artificiais para manterem a vida (Andreoli, 1998).

Ação psicoterápica

Como se trata de uma situação particular dentro do processo de psicoterapia torna-se necessária a correta identificação de que o problema em questão é uma defesa de somatização e não uma doença física. E que, para tais sintomas, deverá ser utilizada a abordagem mais adequada em cada caso.

O processo de psicoterapia deverá ser direcionado no sentido de retirar o conflito do somático e trazê-lo para o psicológico. "A loucura vem para o psiquismo e sai do corpo, da doença somática", como diria Victor Dias.

Para tanto, no 1º grupo de doenças, aquelas cuja defesa de somatização é a causa da doença, quando o conflito vem para a esfera do psicológico, a angústia deixa de ser descarregada no órgão. Existe então uma remissão total das lesões e o órgão fica liberado da doença. Ou seja, ocorre a cura do órgão acometido.

No 2º grupo, quando a defesa de somatização desencadeia e/ou agrava o curso de uma doença física, e não pode ser atribuída como uma de suas causas, a partir do momento que o conflito somatizado no órgão vem para o psicológico ocorre um abrandamento das crises de agudização de sintomas. Não há cura, mas a doença passará a se manifestar de maneira menos intensa e agressiva e/ou passa a surgir em episódios menos frequentes que se apresentava até então.

No 3º grupo, em que a defesa de somatização apenas agrava uma doença orgânica preexistente, com o processo de psicoterapia o que se obtém é uma mudança no padrão de evolução da doença para aquele indivíduo. O doente terá mais disponibilidade para se tratar apesar de continuar doente. Com a maior aderência ao tratamento ocorrerá a melhora da resposta às medicações, uma vez que o paciente estará mais receptivo às intervenções de que venha precisar. Decorrente disso a pessoa passa a apresentar um novo padrão de respostas orgânicas ao tratamento da patologia de base, da doença física.

Estratégia psicoterapêutica

Como estratégia inicial deve-se fazer um esclarecimento com o objetivo de informar ao cliente as peculiaridades desse tipo de processo psicoterápico.

Esse cuidado tenta delimitar o percurso que será realizado durante o trabalho, o que oferece maior segurança ao cliente sobre o tipo de estratégia que será adotada para aquela situação. Quando o cliente está ciente do procedimento a que será submetido sente-se confortável na situação e tende a ser mais colaborativo, e não terá qualquer surpresa.

Deve-se explicar que o objetivo do trabalho é trazer para a esfera do psicológico possíveis conflitos psíquicos até então não percebidos conscientemente por ele e que, por isso, desencadearam a defesa de somatização.

É importante esclarecer ao cliente, ainda, que apesar do sintoma ser físico as sessões devem caminhar no sentido de atingir os aspectos psicológicos inconscientes envolvidos naquele determinado problema de saúde.

Isso inclui alertá-lo de que com o avanço do processo ele entrará em contato com a angústia patológica ligada àquela doença e que passará a senti-la a partir de então.

Também é importante que ele seja prevenido de que, ao sentir a angústia, poderá pensar que está piorando, porém é importante ressaltar que este é um sinal de evolução esperado dentro desse processo.

Além disso, deve-se explicar que os objetivos do trabalho serão alcançados, e que este é o caminho natural para se conseguir chegar à regressão da somatização em si; e assinalar que haverá uma mudança do foco das sensações, que deixarão de ser sentidas como sintomas físicos para serem vivenciadas como questões do âmbito psicológico.

Essas medidas têm por finalidade garantir o vínculo terapêutico e dar ao cliente a sensação de que ele tem certo controle sobre o que se passará com ele no decorrer do processo.

Técnicas

Na compreensão da Análise psicodramática, as defesas de somatização não estão ligadas a nenhum modelo psicológico específico (Ingeridor, Defecador, Urinador, Narcisista, Esquizoide, Borderline ou Esquizofrênico). É considerada como uma defesa inespecífica, uma vez que sua estruturação se estabelece num período muito primitivo dentro do desenvolvimento psíquico humano. Ocorre mesmo antes do desenvolvimento do papel de Ingeridor.

Essa defesa pode surgir durante o trabalho da psicoterapia, ao emergirem conteúdos mais profundos de uma determinada zona de exclusão. Outras vezes o cliente procura a psicoterapia por causa de queixas sobre algum sintoma físico, o qual teria sido identificado como uma somatização por outro profissional.

As técnicas indicadas por Victor Dias (1996) são a Sensibilização Corporal, o Psicodrama Interno, a Decodificação de Sonhos, o Somatodrama (técnica desenvolvida pela psicóloga Christina Freire), a Pesquisa Intrapsíquica e o Espelho Que Retira.

Ele ressalta que, assim como a defesa é inespecífica, também não há uma técnica específica a ser adotada para essa defesa.

Em seu livro *Sonhos e psicodrama interno na análise psicodramática*, Dias sugere que, pela Defesa de Somatização ser a manifestação somática da angústia patológica diretamente ligada à zona de exclusão, as técnicas de eleição são a Sensibilização Corporal, o Psicodrama Interno e a Decodificação de Sonhos por causa da peculiaridade de acessarem diretamente a zona de exclusão, sem acionar nenhum tipo de defesa.

> Utilizando Psicodrama Interno e Sensibilização Corporal fui desenvolvendo uma postura de tentar trabalhar o material excluído sem torná-lo consciente e, desta forma, não mobilizar os bloqueios [...]
>
> A psicoterapia na Zona de Exclusão consiste em trabalhar o material excluído dentro da própria Zona de Exclusão sem a preocupação de torná-lo consciente. Dessa forma, não ocorre um confronto intenso entre POD e Material Excluído e diminui muito a mobilização de Defesas Intrapsíquicas, assim como diminui o sofrimento da vivência da Zona de PCI no desmonte dos vínculos compensatórios [...]
>
> Assim, uma vez mobilizado um Material de Zona de Exclusão, esse material deve ser trabalhado sem o auxílio do entendimento cons-

ciente do cliente, pois esse entendimento está no POD, que está sendo questionado e, portanto, vai mobilizar resistências ao afloramento do material excluído [...]

A partir dessa experiência comecei a trabalhar com os sonhos da mesma maneira, isto é, apenas decodificando-os, e, desta forma, estimulando o cliente a continuar a sonhar" (Dias, 1996).

Apenas citaremos as técnicas porque elas já estão descritas nas outras obras do autor.

Sensibilização corporal

Para Victor Dias (1996), esta técnica "Consiste em fazer que o indivíduo volte sua atenção para suas sensações corporais e vá detectando e delimitando suas zonas de *stress*...".

Quando realizá-la, o profissional deve pedir ao cliente que permaneça confortável, sentado ou deitado, em uma posição que proporcione maior relaxamento físico possível; orientá-lo que permaneça de olhos fechados durante todo o trabalho; posicionar-se próximo ao cliente fazendo contato exclusivamente pela voz, evitando qualquer contato físico, a fim de não interferir no reconhecimento das sensações corporais do cliente e, consequentemente, no contato com seu mundo interno; solicitar atenção para as sensações físicas que mais o instigue; orientá-lo para que ao identificar essas sensações ele as descreva com a intenção de começar a delimitar as regiões corporais em que se situam as sensações – esse trabalho vai auxiliar o psiquismo a localizar as áreas de conflito, ligadas à angústia patológica. O profissional deve, ainda, pedir que ele compare as sensações e tente caracterizá-las no que diz respeito à extensão, forma, localização, entre outras, a fim de facilitar o estabelecimento da diferenciação durante o trabalho – este procedimento tem

PSICOPATOLOGIA E PSICODINÂMICA NA ANÁLISE PSICODRAMÁTICA

como objetivo auxiliar o trabalho de identificação e evolução dos confrontos e tentativas de resolução dos conflitos. Por fim, deve-se evitar racionalizar ou deixar que o cliente tente explicar o que sente. É interessante que ele se deixe levar pela sucessão de mudanças que as sensações sofrem para que o trabalho transcorra livremente, sem interferência do Eu consciente.

Psicodrama interno

Muitas vezes, o Psicodrama interno é resultado do trabalho de Sensibilização Corporal, quando, na evolução do processo, da sequência das sensações físicas, advém uma imagem mental. Pode também ser utilizado quando o cliente já traz uma imagem como queixa. De acordo com essa imagem, a condução deverá caminhar para colocar a pessoa em contato com seu desejo e com os personagens, tentando realizá-los. Ao surgirem os medos, o cliente deve ser conduzido ao enfrentamento das cenas temidas e não evitá-las. É importante que não se utilize nenhum tipo de racionalização, evitando-se os porquês, para não acionar o POD do cliente e mantê-lo em contato com a Zona de Exclusão. Pode-se lançar mão de dispositivos de proteção à integridade psíquica do cliente, como desdobramento de sua imagem pessoal, instrumentos ou vestimentas isolantes que garantam a sensação de segurança durante as ações que o cliente realizará, entre outras. Os recursos servem para auxiliar o enfrentamento das situações amedrontadoras ou desafiadoras. A sessão se encerra no momento em que o cliente resolve o conflito ou quando o terapeuta avalia ter alcançado o limite possível para aquele cliente naquela oportunidade.

O entendimento da vivência é secundário à experiência em si, uma vez que as mudanças já aconteceram no nível inconsciente, no trabalho direto com o material excluído.

Resumindo, Victor Dias (1996) define o Psicodrama Interno como:

> [...] um processo de intervenção por imagens onde se deve evitar a mobilização dos aspectos racionais (POD) do cliente, privilegiando sempre o desejo e as sensações. O terapeuta deve evitar consignas que possam mobilizar os aspectos racionais do cliente evitando colocar valores morais e censuras no material que está sendo trabalhado [...] Uma forma de se sair do impasse (POD x Material Excluído) é transformar e codificar o Material Excluído em imagens e mensagens simbólicas. A outra é transformar o Material Excluído em sensações corporais.

Exemplos elucidativos da prática clínica são descritos por Victor Dias (1996), Fonseca (1994) e Bártolo (1994).

Decodificação de sonhos

Victor Dias (2002) desenvolveu sua própria forma de trabalhar com material onírico: a Decodificação de Sonhos. Ele a define como:

> [...] um método baseado no referencial teórico da Análise Psicodramática, que consiste de uma forma específica de trabalhar com os sonhos, diferente de outras, que abordam o mesmo fenômeno [...] partiu da observação clínica, quando o terapeuta apenas fazia alguns comentários, sem tentar interpretar a simbologia contida no sonho. O cliente geralmente voltava a sonhar e, subsequentemente, os elementos e mesmo o enredo do sonho começavam a se repetir ao mesmo tempo que os símbolos iam se tornando cada vez mais claros. Dessa maneira, fui observando a possibilidade de

o próprio psiquismo poder, na verdade, dar a resposta e decodificar o seu próprio material simbólico [...] Entendemos assim que a mensagem sonhada de forma codificada é uma tentativa de o psiquismo do próprio indivíduo enviar para o Eu consciente uma informação de Material Excluído que existe no psiquismo desse indivíduo [...] como uma tentativa de autocura do psiquismo por ele mesmo [...]

Utiliza-se esse método para evitar que o Eu consciente do sonhador interprete de maneira projetiva os conteúdos surgidos no sonho, para não alterar seu verdadeiro significado, estabelecendo uma interface com a Zona de Exclusão que estimule o psiquismo do próprio indivíduo a decifrar seus próprios símbolos, por meio da repetição destes na sequência de sonhos.

Gradativamente o sonhador sentirá as mudanças de seu psiquismo manifestas como alterações em seu comportamento. A evolução da psicoterapia segue por meio da sucessiva decodificação de sonhos até que o material depositado seja esclarecido e conscientizado. Desse ponto em diante, segue-se a pesquisa intrapsíquica e a aplicação das técnicas pertinentes a cada estágio de evolução da psicoterapia, segundo os pressupostos da Análise Psicodramática.

Para melhor compreensão e detalhamento do método sugerimos a leitura do livro *Sonhos e símbolos na análise psicodramática: glossário de símbolos,* escrito pelo autor.

Espelho que retira

Conforme Victor Dias (1996), espelho que retira:

É o espelho mais utilizado e consiste em que o terapeuta ou o ego auxiliar repitam o discurso do cliente, no papel deste e em direção a uma almofada que passa a representar o terapeuta. Assim, o cliente fica no papel do observador de si mesmo e do seu próprio discurso. O papel de observar a si mesmo e ao próprio discurso propicia que o cliente faça associações com o que está sendo dito, mobilizando sentimentos, lembranças e imagens de situação de vida.

Como ele entende que esta técnica permite abordar os Determinantes Psíquicos descritos por Freud na técnica de associação livre, conduz o cliente a fazer essas associações em campo mais relaxado, porque se encontra mais distanciado do material exposto ao ser colocado na posição de observador.

Como pode ser utilizado nas situações de superaquecimento e também para estimular a fase de autoquestionamento, essa técnica funciona como recurso que desaquece o sintoma somatizado, produzindo uma situação mais propícia para que o cliente comece a questionar o possível significado psicológico que o sintoma físico possa ter, por meio dos questionamentos que o terapeuta introduz para aquela situação de doença. Leva o conflito a sair do somático e ganhar uma representação simbólica que demonstre o conflito psíquico acoplado àquele sintoma. Por não ter sido nomeado até então, ganha toda uma compreensão que permite o surgimento da angústia patológica ligada ao conflito do Material Excluído naquela porção de PCI.

Pesquisa intrapsíquica

Essa pesquisa consiste no conjunto de procedimentos psicoterapêuticos utilizados pela Análise Psicodramática com intenção de organizar e integrar as cotas de PCI, transformando-as em POD, por meio da resolução dos conflitos que resultaram nos bloqueios do desenvolvimento psicológico do cliente.

Essa sistemática foi desenvolvida por Victor Dias, inicialmente apresentada na publicação do livro *Psicodrama: teoria e prática* (1987) e posteriormente modificada no livro *Análise psicodramática e teoria da programação cenestésica* (1994).

Esse método compreende todo o processo de uma psicoterapia. Situa o profissional em qual estágio o cliente está ao identificar em que situação se encontra a angústia patológica, o que a mobiliza, qual o discurso e a proposta de relação interna complementar patológica. Diante desses diagnósticos, permite a escolha das condutas e técnicas mais adequadas para cada caso, inclusive quando o cliente está apresentando defesas de somatização, quando a angústia está somatizada e não mobilizada.

Somatodrama

Freire (2000) desenvolveu toda uma técnica com base no raciocínio de que, pela teoria da Programação Cenestésica, como a área Corpo é a última a se constituir no psiquismo, o indivíduo passa a ter noção e consciência da existência do corpo apenas no final do desenvolvimento cenestésico.

Entende que a defesa de somatização se origina na Área Corpo, devendo ser trabalhada na fase do desenvolvimento que denominou de "pré-Eu" ou do "Ego arcaico" ou do "Eu cenestésico".

Quando o cliente chega com uma defesa de somatização está vivenciando a angústia circunstancial, desencadeada pela presença do sintoma, acoplada à vivência do clima inibidor que impediu que aquela cota de PCI se transformasse em POD. Propõe realizar um trabalho nas Zonas de Exclusão conforme as sensações cenestésicas, acionando o material encoberto, "[...] trabalhando o simbólico por meio do simbólico, sem consultar o POD". Como a angústia patológica não está mobilizada, mas está somatizada e internalizada, entende a defesa de somatização como a representação corporal da angústia diante de um Ego arcaico frágil. Esse tipo de defesa seria a própria cristalização do PCI com seus climas inibidores.

Como a angústia é a porta de entrada do processo de busca, propõe, por meio do Somatodrama, tentar desenvolver aqueles aspectos que eram esperados acontecer durante o desenvolvimento psicológico daquela pessoa, a fim de se obter a sensação de completude do que ficou faltando naquela cota de PCI, que se manifesta pela produção de sintomas físicos.

Como nesta fase a continência é dada exclusivamente pela mãe, ou por quem desempenha esta função para o bebê, orienta que o terapeuta empreste sua continência às vivências de Ego arcaico. Por meio do estabelecimento de um Vínculo Compensatório o terapeuta auxilia a pessoa a suportar o processo de finalização de seu desenvolvimento cenestésico não vivido, em substituição à função materna original ineficiente.

O Somatodrama tem como modelo de trabalho a constituição de três tempos: vinculação, consciência corporal e resgate das emoções.

Na entrevista inicial, no levantamento das queixas e na realização do contrato é que vai se estabelecendo o vínculo terapêutico. Consolidando o vínculo, considera ter se iniciado o processo terapêutico.

Esta fase inclui esclarecer que os níveis de tensão intrapsíquicos estão elevados e que os sintomas são decorrência disto. Que, segundo Freire (2000), "[...] a obtenção da cura se dará quando o indivíduo conseguir ressignificar aquele sintoma psicologicamente, ressignificar o corpo simbólico e, consequentemente, ressignificar sua própria vida".

Na fase da formação da Consciência Corporal aplicam-se técnicas psicodramáticas de aquecimento para o resgate da espontaneidade bloqueada pela cristalização das sensações corporais para se obter a "[...] rematrização das primeiras experiências vivenciadas pelo ser humano no desenvolvimento e na formação dos papéis psicossomáticos de ingeridor, defecador e urinador" (Freire, 2000).

Além disso, na fase de Resgate das Emoções se dá o processo de diferenciação e individuação "... pelo reconhecimento das emoções como próprias e pessoais [...] é o início do reconhecimento do corpo como próprio".

Como técnicas se utilizam a Sensibilização Corporal, o Psicodrama Interno e/ou a Decodificação de Sonhos, dependendo da fase e do que melhor se aplica a cada momento da psicoterapia.

Considerações finais

A discussão sobre somatização como defesa nos remeteu a entender quais aspectos as diferenciavam das doenças psicossomáticas e a sintomatologia a elas associada. Ficou evidente a divergência entre os vários autores e pesquisadores sobre a origem, a definição, a classificação e quais os mecanismos psicodinâmicos envolvidos na produção dessas doenças.

É impossível esgotar um capítulo tão amplo e imbricado com as inúmeras outras áreas que envolvem essas patologias, além da psiquiatria e da psicologia.

Muito há que se estudar, pesquisar e aprimorar dentro desse campo tão vasto da medicina para que em algum momento, quiçá, possa se chegar a um consenso.

Por compreender um aspecto muito peculiar dentro da prática psicoterápica e dada a diversidade de modelos teóricos que pretendem dar conta desse tipo de demanda torna-se ainda mais importante a contribuição da Análise Psicodramática, com as premissas teóricas inovadoras de Victor Dias.

Seu caráter prático, com a finalidade de alcançar resultados concretos de maneira eficaz, demonstra o valor diferenciado desse tipo de intervenção terapêutica.

Visto serem patologias muito frequentes na população em geral, mais ainda entre pessoas que fazem psicoterapia, quer como queixa inicial quer como uma das defesas que podem se instalar durante a evolução do processo psicoterapêutico, o entendimento dos procedimentos envolvidos na resolução desse problema pode representar um importante instrumento a ser desenvolvido no arsenal técnico do terapeuta.

REFERÊNCIAS BIBLIOGRÁFICAS

ANDREOLI, T.; BENNET, J. C.; CARPENTER, C.C.J.; PLUM, F. *Cecil: Medicina interna básica.* 4. ed. Rio de Janeiro: Guanabara Koogan, 1998.

BALLONE, G. J. *Da emoção à lesão.* Disponível em http://gballone.sites.uol.com.br/psicossomatica/raiva.html. Acesso em: 4 out. 2010.

BÁRTOLO, M. C. A. "Psicossomática e psicodrama". *Revista da Febrap,* São Paulo, v. 2, 1994.

_____. "Uma contribuição psicodramática às vivências psicossomáticas". *Revista da Febrap.* São Paulo, 1995. v. 6.

BLAKISTON. *Dicionário Médico.* 2. ed. São Paulo: Andrei Editora (org.), 1979.

BOMBANA, J. A. *A tradução psiquiátrica do diagnóstico "DNV" (Distonia Neurovegetativa).* 1993. Dissertação (Realizada pelo médico não especialista) – Escola Paulista de Medicina, São Paulo.

_____. Somatização e conceitos limítrofes: delimitação de campos. *Psiquiatria na Prática Médica.* São Paulo: Centro de Estudos – Depto. Psiquiatria Unifesp/EPM; v. 34, n. 4, 2001/02.

CASTRO, M. G.; ANDRADE, T.M.R.; MULLER, M.C. "Conceito mente e corpo através da história". *Estudos de psicologia.* Maringá, v. 11, n. 1, 2006.

CERCHIARI, E. N. A. "Psicossomática: um estudo histórico e epistemológico". *Psicologia ciência e profissão,* v. 20, n. 4, p. 64-79, 2000.

CID-10 - Classificação Internacional de Doenças. 10. Revisão. São Paulo: Edusp, 2003.

Clouse R. E. et al. "Depression and coronary heart disease in women with diabetes". Psychosomathic Medicine, 2003, v. 65, n. 3, maio-jun. 2003, p. 376-83.

DIAS, V. R. C. S. *Psicodrama:* teoria e prática. São Paulo: Ágora, 1987.

_____. *Análise psicodramática e teoria da programação cenestésica.* São Paulo: Ágora, 1994.

_____. *Sonhos e psicodrama interno na análise psicodramática.* São Paulo: Ágora, 1996.

_____. *Sonhos e símbolos na análise psicodramática*: glossário de símbolos. São Paulo: Ágora, 2002.

_____. *Psicopatologia e psicodinâmica na análise psicodramática.* São Paulo: Ágora, 2006. v. 1.

EY, H.; BERNARD, P.; BRISSET, C. H. *Tratado de psiquiatria.* 5. ed. São Paulo: Masson/Atheneu, 1965.

FONSECA, J. "O doente, a doença e o corpo. Visão através do psicodrama interno. O corpo físico, o corpo psicológico e o corpo energético". *Revista da Febrap.* São Paulo, v. 2, 1994.

FREIRE, C. A. *O corpo reflete seu drama:* somatodrama como abordagem psicossomática. São Paulo: Ágora, 2000.

VICTOR R. C. S. DIAS E COLABORADORES

JEAMMET, P. *Manual de psicologia médica*. São Paulo: Masson, 1999.

KAPLAN, H. I.; SADOCK, B. J.; GREBB, J. A. *Compêndio de psiquiatria:* ciências do comportamento e psiquiatria clínica. 7. ed. Porto Alegre: Artes Médicas, 1997.

LAPLANCHE, J.; PONTALIS, J. B. *Vocabulário da psicanálise*. 9. ed. São Paulo: Martins Fontes; 1986.

LIPOWSKI, Z. J. Somatization: the concept and its clinical application. *American Journal of Psychiatry*, v. 145, n.11, p.1358-1368, 1988.

LOPES, A. C. et al. *Diagnóstico e tratamento*. v. II. Barueri, SP: Manole, 2006.

MAFFEI, W. E. *Os fundamentos da medicina*. 2. ed. São Paulo: Artes Médicas, 1978. v. 2.

MAI, F. Somatization Disorder, a practical review. *Canadian Journal of Psychiatry*, v. 49, n. 10, p. 652–662, 2004.

MELLO FILHO, J. *Concepção Psicossomática:* visão atual. 7. ed. Rio de Janeiro: Tempo Brasileiro, 1994.

ORGANIZAÇÃO MUNDIAL DA SAÚDE. Classificação de transtornos mentais e de comportamento da CID-10. Porto Alegre: Artes Médicas, 1993.

RUBIN, R. Lombalgia. *Revista Saúde Paulista*, ano 4, n. 12, jan./mar. 2004.

4. Manejo dos sentimentos na análise psicodramática

VICTOR R. C. S. DIAS

Os sentimentos estão presentes durante todo o processo de uma psicoterapia. Não podemos falar sobre o ser humano sem falar de seus sentimentos. Ao abordarmos o assunto psicoterapia, estamos falando de algum tipo de tratamento, e quando abordamos manejo dos sentimentos, estamos falando sobre tratar os sentimentos. Embora os sentimentos façam parte inerente do ser humano e de seu psiquismo, eles frequentemente necessitam de algum tipo de procedimento psicoterápico. Pois, seja pela ação da moral ou por estarem vinculados a psicodinâmicas patológicas eles necessitam ser tratados.

Para um melhor entendimento desse capítulo, vamos definir algumas premissas básicas dentro da análise psicodramática:

Todos os sentimentos são humanos e todos nós nascemos com a capacidade de sentir todos eles, em outras palavras: "eles vêm de fábrica".

Todos os sentimentos são ou foram importantes para a vivência e para a sobrevivência da nossa espécie. Portanto, não aceitamos que existam sentimentos bons ou sentimentos maus, mas sim, sentimentos mal administrados.

Dessa forma, os sentimentos nunca são patológicos na sua essência. Eles podem ser encarados como patológicos quando:

1. Estão francamente em confronto com os valores morais de uma determinada sociedade, num determinado tempo.
2. Estão misturados com angústia patológica.
3. Estão vinculados a psicodinâmicas patológicas.

Sentimentos e valores morais

Entendemos como Moral o conjunto de normas que regem o comportamento e os procedimentos de uma população, num determinado tempo, era ou cultura.

Esse conjunto normativo é variável para as épocas e para as culturas, e durante os últimos 6 mil anos foi ditado basicamente pelas religiões.

Com o advento do Deus único das religiões monoteístas, em substituição aos inúmeros deuses das religiões panteístas, o Código Normativo Moral também se tornou único. Isso aconteceu com o advento do Budismo, no oriente, do Islamismo e do Judaísmo, no oriente médio, e do Cristianismo, na Europa e posteriormente em todo o ocidente.

Esse Código Moral Único, entre outras coisas, acabou por separar os sentimentos em Bons e Maus. Dessa forma, os sentimentos bons deveriam ser estimulados e considerados como virtudes, ao passo que os sentimentos maus deveriam ser reprimidos e considerados como pecados.

Essa estranha maneira de rotular os sentimentos acabou influenciando as pessoas, de tal maneira que ao emitir qualquer comportamento atrelado aos ditos sentimentos maus, o indivíduo passasse a se sentir indigno e culpado.

Por isso, os sentimentos ganharam um valor moral e o valor essencial foi se perdendo do próprio sentimento humano.

Esse rótulo moral, agregado ao sentimento, passou a definir e a qualificar o próprio sentimento, e perdeu-se a noção da função básica destes sentimentos dentro da vivência e da sobrevivência da espécie humana.

Convém enfatizar que todos os sentimentos são humanos e têm sua função na vida das pessoas. O fundamental é que estes sentimentos, tanto os rotulados como bons quanto os rotulados como maus, devem ser adequadamente administrados. Todos os sentimentos, bons ou maus, que não forem bem administrados, podem ser deletérios para o indivíduo.

Tomemos como exemplo alguns sentimentos assim rotulados:

Egoísmo – Valor moral: mau

Valor essencial: sentimento de autoproteção. Se o indivíduo não cuidar de seus próprios interesses ele acaba sendo espoliado.

Mesquinhez/Usura – Valor moral: mau

Valor essencial: sentimento de autoproteção. Se o indivíduo não cuidar de seus bens materiais e tiver um controle sobre eles, acaba sendo espoliado.

Vingança – Valor moral: mau

Valor essencial: sentimento ligado ao respeito. Se o indivíduo não dá o troco quando é agredido, ele acaba sendo invadido e desrespeitado. "Só se respeita cachorro que morde."

Ambição – Valor moral: mau

Valor essencial: ligado à busca pelo sucesso e de ser bem-sucedido na luta para conseguir seus objetivos; ter "garra" na vida.

VAIDADE – VALOR MORAL: MUITAS VEZES NEGATIVO

Valor essencial: ligado à autoestima. É necessário se gostar e se admirar para se autovalorizar.

INTERESSE – VALOR MORAL: MAU

Valor essencial: ligado à capacidade política. A política é a arte de identificar e conjugar interesses. Para ser bem-sucedido, numa comunidade, é necessário ter capacidade política, traçar e escolher as alianças.

PREPOTÊNCIA – VALOR MORAL: MAU

Valor essencial: sentimento ligado à liderança. O chefe, o líder, o rei, o presidente, precisam se impor para serem merecedores de crédito e para o exercício do poder. Por sua vez, a *Humildade* (valor moral: bom), mal administrado pode levar um líder à descrença e ao descrédito.

CIÚME – VALOR MORAL: MAU

Valor essencial: sentimento ligado a funções construtivas. É o zelo, o cuidado com os objetos e com as pessoas amadas. É o cuidado de manter e preservar as relações.

VERGONHA – VALOR MORAL: BOM

Valor essencial: sentimento do pudor, é ligado à adequação social. Não fazer ou apresentar coisas que desabonem.

ADMIRAÇÃO – VALOR MORAL: BOM

Valor essencial: sentimento ligado ao aprendizado. O indivíduo quer copiar e imitar a quem ele admira.

COBIÇA – VALOR MORAL: MAU

Valor essencial: sentimento ligado ao desejo de igualdade e de justiça. Quero ter a mesma coisa que o outro tem.

INVEJA – VALOR MORAL: MAU

Valor essencial: sentimento ligado ao inconformismo com as discrepâncias e com as injustiças. "Eu não suporto que ele tenha e usufrua destes privilégios. Quero destruir isso." A carga destrutiva da inveja é dirigida ao sentimento de alegria ou satisfação que o outro teria possuindo algo ou algum tipo de privilégio que o invejoso não tem. Em outras palavras, a inveja é dirigida ao sentimento e não ao objeto.

Despeito – Valor moral: mau

Valor essencial: sentimento ligado à importância, à hierarquia das escolhas. Eu não suporto o fato de não ser a pessoa escolhida, de ser a pessoa preterida. A descarga do sentimento de despeito é a pessoa aceitar que não foi escolhida ou querida e ir procurar quem a escolha ou queira. O despeito deve ser absorvido pelo indivíduo preterido. Aceitar o fato de não ser aceito.

Lembremos que quaisquer desses sentimentos (bons ou maus) não é patológico pelo seu valor essencial. Ele pode se tornar patológico e necessitar de procedimento psicoterápico, uma vez que o conflito resultante entre o Valor Moral e o Valor Essencial não foi bem administrado.

Os sentimentos se tornam patológicos quando entram em conflito o seu Valor Moral com o seu Valor Essencial.

Tenha em mente que saúde mental é a capacidade de o indivíduo administrar suas condutas e procedimentos, entre os dois binômios fundamentais da convivência humana.

Esses binômios fundamentais são: de um lado o conceito moral do certo/errado, e do outro a parte instintiva e volitiva do querer/poder. A administração desses binômios é feita pelo bom-senso e pelo senso de adequação do indivíduo.

Uma repressão do binômio, querer/poder, leva esse indivíduo a uma submissão aos conceitos morais e à anulação de suas próprias vontades. Por outro lado, ignorar o binômio certo/errado leva esse indivíduo a só levar em conta seus instintos e suas vontades, tornando-o marginalizado e inadequado no convívio social.

Dessa forma, é fundamental para a saúde mental que o indivíduo administre, utilizando o seu bom-senso e o seu senso de adequação, o conflito entre o Valor Moral e o Valor Essencial dos seus sentimentos e das condutas a ele vinculadas.

Manejo dos sentimentos no contexto terapêutico

1. Identificar e aceitar o sentimento em questão.
2. Avaliar o Valor Moral e o Valor Essencial desse sentimento.
3. Avaliar a adequação ou a inadequação da descarga desse sentimento em relação aos binômios certo/errado e querer/poder.
4. Produzir a descarga desse sentimento, no contexto dramático, do *setting* terapêutico. Para isso, o ideal é a utilização das cenas de descarga (veja o Capítulo 6).

Sentimentos misturados com a angústia patológica

Muitas vezes, os sentimentos aparecem misturados com algum tipo de angústia, sendo que a ansiedade é a mais comum.

Entendemos que é essa mistura que é patológica, e não o sentimento em questão.

Dentro dos conceitos da Análise Psicodramática, o sentimento ligado à angústia/ansiedade é entendido dentro do capítulo das Emoções Reativas e é visto como uma das Defesas Conscientes.

Lembremos que as Defesas Conscientes são mecanismos de evitação em que o indivíduo tem algum tipo de consciência de que está evitando algo, embora não tenha consciência de qual é o conteúdo evitado. A Emoção Reativa é um mecanismo de evitação em que um sentimento aparece, mascarando e evitando o contato com o sentimento verdadeiro. Esse sentimento reativo vem sempre misturado com uma carga de angústia ou ansiedade.

Os exemplos mais comuns são:

A expressão da Raiva ocupa o lugar do sentimento real que o indivíduo evita contato, ou seja, da Tristeza, do Medo ou da Impotência. Passa a expressar uma raiva que destoa da raiva verdadeira, pois ela vem carregada de algum tipo de angústia ou ansiedade.

A expressão da Alegria ocupa o lugar do sentimento real de Tristeza (euforia) ou de Inveja ou de Constrangimento. O indivíduo aparenta e se comporta de maneira muito alegre (eufórica) para evitar o contato com os reais sentimentos. Essa alegria vem contaminada e misturada com uma dose de angústia ou ansiedade.

A expressão da Piedade ou Pena ocupa o lugar do sentimento real de Hostilidade ou Competição ou de Vingança. O indivíduo se comporta como pesaroso para evitar o contato com seus reais sentimentos. Nesses casos, a piedade está misturada com uma dose de angústia ou ansiedade.

Os exemplos são muitos e bastante variados, por isso não vou citá-los todos. Lembremos apenas que os sentimentos, quando em função reativa, estão misturados com angústia ou ansiedade.

A forma mais eficiente de identificá-los é a percepção de que *existe uma discordância entre o sentimento emitido e o conteúdo da fala, do comportamento ou da situação em questão. Podemos dizer que o sentimento expresso é manifesto e o conteúdo sugerido aponta para o sentimento latente.*

Manejo dos sentimentos reativos no contexto terapêutico

O manejo dos sentimentos reativos no contexto psicoterápico consiste em:

1. Identificar o sentimento reativo. Isto se faz pela observação direta da fala do cliente. Um dos componentes é exatamente perceber que existe algum tipo de angústia ou ansiedade acoplada ao sentimento. O outro é perceber que existe uma discrepância entre

o sentimento expresso e o conteúdo envolvido. Aqui, o sentimento expresso é o sentimento reativo, e o conteúdo envolvido fornece a pista de qual é o sentimento real que está sendo evitado.

Por exemplo: Uma fala raivosa e irritada de um cliente, mas que o conteúdo é carregado de impotência. Podemos saber que o sentimento reativo é raiva e o sentimento evitado é a impotência.

Outro exemplo: Uma fala piedosa de um cliente, mas com um conteúdo que significa "bem feito que isto aconteceu". Podemos saber que o sentimento reativo é pena e o sentimento evitado é o de hostilidade e vingança.

2. Uma vez identificado o sentimento evitado, trabalhar no sentido de esclarecer o tipo de sentimento e procurar os motivos pelos quais ele é evitado.

3. Uma vez identificado o sentimento e os motivos da evitação, promover a descarga do sentimento real no *setting* psicodramático, utilizando as cenas de descarga.

Sentimentos vinculados a psicodinâmicas patológicas

Esses sentimentos são o que chamamos de sentimentos patológicos, cuja patologia está, na psicodinâmica, associada ao sentimento normal.

O que torna o reconhecimento possível é que nos sentimentos patológicos existe sempre uma desproporção entre a intensidade do sentimento e o estímulo externo. Essa desproporção acontece porque: *a intensidade do sentimento patológico é alimentada pela psicodinâmica acoplada, e não pelo estímulo externo. Dessa maneira, podemos dizer que todos os sentimentos podem se tornar patológicos, dependendo da psicodinâmica em que estejam vinculados.*

Os sentimentos podem estar associados a inúmeras psicodinâmicas patológicas, o que torna praticamente impossível uma sistematização. Vamos a alguns exemplos mais frequentes:

Ciúme Patológico. É o ciúme normal acoplado a uma dinâmica de triangulação mal resolvida. Existe uma angústia intensa e desproporcional à realidade, em que o objeto de amor fica permanentemente ameaçado pelo surgimento de um terceiro elemento, que está na fantasia do ciumento. Dizemos que o terceiro elemento está na cabeça do ciumento e não na realidade.

Dessa forma, o ciúme e o zelo são sentimentos normais quando existe uma relação com um objeto de amor. O que torna o ciúme patológico é a dinâmica triangular mal resolvida. O tratamento psicoterápico é resolver a triangulação, e para isso utilizamos a técnica da cena triangular, sistematizada especificamente para estas situações.

Cobiça Patológica. É a cobiça normal, de querer possuir algo (objetos, situações, cargos, bens materiais etc.) igual ao do outro, acoplada a uma psicodinâmica em que existe uma permanente desvalorização dos seus próprios objetos, situações, cargos, bens materiais etc. Esse desejo de possuir o do outro é intenso e desproporcional à situação real do indivíduo. A intensidade do sentimento é alimentada pela intensidade da desvalorização que ele coloca nos seus próprios objetos, e não no fato de que o do outro seja muito melhor do que o seu.

Por exemplo, o indivíduo deseja intensamente ter um carro igual ao do vizinho, embora ele mesmo tenha um carro bastante similar. Mas o carro do vizinho fica supervalorizado na mesma intensidade que ele desvaloriza o seu próprio carro. Quando ele tiver o carro igual ao do vizinho ele passará a desejar intensamente ter um carro igual ao do outro vizinho porque passa a desvalorizar seu carro novo em função do carro do outro.

Vemos claramente que o problema não está na qualidade ou valor dos carros, mas sim na sistemática desvalorização do carro que é o dele.

Vale aqui a famosa frase emblemática, perdida no tempo, de que: "Jamais vou aceitar ser sócio de um clube que me aceite como sócio".

A abordagem psicoterápica é focada em resolver a autodesvalorização sistemática, que pode estar acoplada a inúmeras dinâmicas psicológicas de mundo interno.

Inveja Patológica. É a inveja normal de não suportar e tentar destruir o sentimento que o outro supostamente tem, ao usufruir de algo que o invejoso não tenha condições de usufruir. O que torna a inveja patológica é quando o impedimento de usufruir do invejoso está no seu mundo interno e não no mundo externo. Dessa forma, o invejoso patológico não consegue usufruir os privilégios ou os sentimentos que ele identifica no outro, não por uma impossibilidade real de mundo externo, mas sim por uma impossibilidade ditada por algum tipo de dinâmica de seu mundo interno. Assim, a inveja é desproporcional à situação real desse indivíduo.

Por exemplo, um indivíduo que passa a criticar sistematicamente o vizinho, que tem na garagem um carro Mercedes 500. Ele não se conforma com o fato de o vizinho poder ter esse carro (é importado!, é um acinte!, não é para o Brasil!, vai ser assaltado!), defeitos e mais defeitos. O que torna patológica essa inveja é que o indivíduo em questão também tem condição financeira de ter o mesmo tipo de carro, mas ele, por alguma razão interna, não se permite gastar dinheiro consigo mesmo. "Não posso gastar dinheiro com bobagens."

A abordagem terapêutica é identificar o impedimento interno de não se permitir determinados prazeres, usando como justificativa motivos financeiros inexistentes.

Voracidade. É o desejo normal de receber e ter coisas, acoplado a uma dinâmica interna de insatisfação. O que torna patológico e desproporcional esse desejo normal de receber é a insatisfação que está acoplada. Dessa forma, por mais que tenha ou receba, sempre é pouco e sempre quer mais.

A abordagem terapêutica é tratar a insatisfação, que pode estar ligada a inúmeras psicodinâmicas internas.

Culpa Patológica. É o sentimento normal da culpa, que leva ao arrependimento, vinculada a uma psicodinâmica interna de autoacusação. Tem um acusador no mundo interno que faz que o indivíduo se sinta culpado de forma desproporcional à agressão cometida.

A abordagem terapêutica é identificar e tratar esse acusador interno.

5. As técnicas de espelho na análise psicodramática

CRISTIANE APARECIDA DA SILVA

Dedico este trabalho à minha querida filha Larissa, ao meu carinhoso companheiro Ari, e aos meus pais, Cassemiro e Leonilda, grandes incentivadores.

Cristiane

Tendo a Espontaneidade e a Criatividade como conceitos teóricos centrais, o método psicodramático oferece condições para a criação de técnicas que viabilizem a realização do trabalho clínico. Entretanto, tais inovações do trabalho nem sempre são devidamente estudadas e sistematizadas, o que, de certo modo, constitui um prejuízo tanto para o aprimoramento dos profissionais como do desenvolvimento da própria abordagem, considerando que as técnicas compõem uma parte significativa do trabalho do psicodramatista.

A técnica do "Espelho", tendo sido originalmente criada por Jacob Levy Moreno, é uma das principais ferramentas utilizadas na prática clínica. Sabemos que o psicodrama foi criado por Moreno para o trabalho em grupo e não para atividades psicoterápicas individuais.

Moreno não trabalhava com psicoterapia processual, modelo hoje muito difundido que é caracterizado por encontros periódicos com o psicoterapeuta, no mesmo local, dia e horário semanal. Moreno propunha que o trabalho com saúde mental ocorresse em grupo, pois considerava que o adoecimento psicológico também ocorreria em grupo, isto é, no primeiro grupo da criança: a família.

Assim sendo, não desenvolveu estratégias para o trabalho clínico em âmbito bipessoal, o que ocorre só entre cliente e terapeuta. Todas as técnicas por ele criadas ou adaptadas (do teatro) destinam-se ao uso na psicoterapia de grupo.

A psicoterapia grupal nem sempre é bem aceita pelos pacientes e tampouco por muitos terapeutas, havendo hoje em dia preferência pela psicoterapia bipessoal. Nessas circunstâncias, o psicodramatista mais ortodoxo, habituado ao trabalho dramático grupal, acostumado a um alto grau de aquecimento, egos auxiliares em profusão e a caixa de ressonância da terapia grupal, se vê envolto em dificuldades com as técnicas grupais, numa terapia bipessoal.

Baseado nisso, Victor Dias, criador da Análise Psicodramática, desenvolveu variações da técnica do Espelho, para utilização no *setting* terapêutico bipessoal, a saber: *Espelho que Retira, Espelho Físico, Espelho com Duplo, Espelho com Descarga, Espelho que Reflete, Espelho com Questionamento, Espelho Desdobrado* e *Espelho com Maximização.*

O objetivo deste capítulo é apresentar esses tipos de espelho, sua fundamentação teórica, sistematizar suas indicações, bem como os efeitos esperados dentro da dinâmica do cliente.

A TÉCNICA DO ESPELHO, PARA MORENO

A variedade de técnicas criadas por Moreno é bastante grande. Esse autor (1993, p. 127) menciona a existência de 371 delas.

Tais técnicas podem ser caracterizadas em três tipos: técnicas históricas (teatro espontâneo e jornal vivo), técnicas clássicas (duplo, espelho e inversão de papel) e técnicas que prefiro nomear como derivadas, tendo em vista que se originam do uso de uma ou mais técnicas (solilóquio, interpolação de resistência, maximização, realidade suplementar e muitas outras).

Segundo Moreno, vários métodos psicodramáticos têm a sua verdadeira origem em costumes de culturas mais antigas. Assim, afirma não ter criado, na acepção exata do termo, as técnicas como o Duplo, o Espelho e a Inversão de Papéis, mas apenas adaptado-as ao uso da psicoterapia: *o método do espelho é descrito em "Hamlet", de Shakespeare. O método do duplo, em Dostoiewski, "O Outro" (ou "O Duplo"), a inversão de papéis, nos diálogos socráticos. O que fiz foi apenas redescobri-las e adaptá-las a finalidades terapêuticas.*

Teoricamente, a origem do Espelho está na segunda fase da Matriz de Identidade, teoria moreniana para o desenvolvimento psicológico do ser humano. Para ele, esse desenvolvimento ocorre em três etapas: Identidade Total, Reconhecimento do Eu e Reconhecimento do Tu, sendo elas o *locus nascendi* das três técnicas clássicas morenianas: duplo, espelho e inversão de papel.

Partindo da concepção fenomenológica-existencial, Moreno considera que na primeira etapa, a partir do seu nascimento, a criança vive a experiência da identidade total: não se diferencia das pessoas ou coisas, tampouco tem condições de satisfazer, ela própria, suas necessidades. Para isso, precisa da ajuda de um adulto que esteja devidamente sintonizado com ela a ponto de identificar de que ordem é a sua necessidade e tomar providências para que ela seja satisfeita. Isto é, a criança precisa de um "eu auxiliar", seu "eu duplicado". Portanto, precisa de um "duplo" dela que viabilize a satisfação de suas necessidades. Esta é a origem da técnica de "duplo" criada por Moreno, a qual consiste em falar pelo paciente, como se fosse ele

– seu duplo – os pensamentos, sentimentos, percepções, intenções que, por alguma razão, ele não consiga perceber ou expressar.

> O duplo psicodramático é uma pessoa auxiliar que está em condições de sentir, na situação do paciente e representar as mesmas ações, sentimentos e pensamentos do paciente, inclusive através da mesma manifestação corporal que ele mostra. [...] Pode-se ver aqui um paralelismo entre a ideia do duplo e o relacionamento entre mãe e filho antes e depois do nascimento. (Moreno, p. 111-112)

Na segunda etapa começa a ocorrer a diferenciação entre o Eu e o Tu, a partir do reconhecimento de si mesma. A criança inicia um processo de percepção de si e do outro, fenômeno que ocorre praticamente de modo simultâneo, razão pela qual Moreno agrupou-os em uma única etapa. Ao perceber o outro, percebe a si mesma, de tal modo que o comportamento do Tu, de certo modo, reflete o seu próprio. Portanto, o destaque se dá ao reconhecimento do Eu, de si mesma. Por essa razão, e também inspirado pelo fato de a criança, nessa idade, olhar-se concretamente no espelho e dizer ¨Nenê¨, Moreno criou e nomeou essa técnica como Espelho. A proposta dele é que a fala e o comportamento do paciente sejam reproduzidos para que ele, ao se assistir, como numa espécie de filmagem, possa avaliar, sob outro prisma, sua conduta, seus pensamentos, sentimentos, percepções e intenções sobre os fatos ou situações.

No método do espelho, o protagonista exerce o papel de espectador, não o de um participante. É um observador que olha no espelho psicológico e vê a si mesmo. O método do espelho "retrata" a imagem corporal e a vida inconsciente de A, numa distância objetiva, de tal forma que ele possa ver a si mesmo. O "retrato" é feito por um ego-auxiliar que observou A de maneira precisa. (*ibidem,* p. 124)

Já na terceira etapa do desenvolvimento psicológico, ainda segundo Moreno, a criança foca sua atenção no reconhecimento do Tu, conseguindo se colocar nesse lugar e em seguida aceitando que o Tu se coloque em seu lugar. A criança consegue desempenhar o papel do outro e aceita que o outro desempenhe o seu papel simultaneamente, o que foi nomeado como técnica da Inversão de Papel. Nessa técnica, o propósito moreniano é que, uma vez tendo conseguido diferenciar-se do Tu, o paciente consiga inverter o papel com o outro e avaliar a mesma situação ou os mesmos fatos, a partir da visão do outro. Tal avaliação colaboraria para uma melhor compreensão mútua, o chamado fator Tele (empatia de mão dupla).

Moreno utilizava a técnica do espelho com a ajuda dos egos-auxiliares e no contexto grupal. Convém reforçar que ele não criou o psicodrama e nem suas técnicas para um trabalho processual. Dessa forma, ele não considerou em sua teoria os aspectos intrapsíquicos, tampouco as defesas intrapsíquicas, os vínculos compensatórios e outros mecanismos de defesa que alteram, significativamente, a capacidade de autopercepção do cliente. Assim, houve a necessidade de corrigir e reformular essas técnicas, para um psicodrama processual e na forma bipessoal.

Esta é uma das propostas de Victor Dias para a criação e o desenvolvimento da Análise Psicodramática.

A Técnica do Espelho na Análise Psicodramática

Por se originar de uma perspectiva fenomenológica-existencial, a fundamentação teórica do Psicodrama foi, por muitos, considerada insuficiente para dar conta do tratamento profundo de patologias psicológicas e psiquiátricas.

Assim sendo, o psicodrama clássico foi, cada vez mais, se configurando como uma abordagem mais apropriada para trabalhos de cunho sociopsicológico, ou seja, mais apropriado para trabalhar os aspectos mais relacionais nos grupos sociais.

Na necessidade de uma psicopatologia mais profunda e na busca de melhor embasamento para as abordagens intrapsíquicas, muitos psicodramatistas migraram para outras abordagens, ou passaram a desenvolver teorias próprias para satisfazer essa necessidade.

Nessa busca, nasce a teoria da Programação Cenestésica publicada por Dias (1994) e que segue um modelo psicodinâmico de compreensão do funcionamento psíquico.

A teoria da Programação Cenestésica veio a ser a fundamentação central em torno da qual foi estruturada toda a sistematização que passou a se chamar Análise Psicodramática, já extensamente publicada nas outras obras de Dias.

Entendemos que, ao desenvolver as oito variações da técnica do Espelho, a preocupação de Dias era justamente a de encontrar meios eficazes para manter o aquecimento necessário e a ferramenta adequada para a abordagem do mundo interno do cliente e do aceleramento da pesquisa intrapsíquica.

Como decorrência desses aspectos, e considerando as palavras de Moreno (1993, p. 127) segundo as quais "os terapeutas se veem, frequentemente, obrigados a criar um método novo no momento necessário, ou a modificar um método antigo para resolver as dificuldades de uma situação", são formuladas as primeiras variações da técnica do espelho propostas por Dias: Espelho que Retira e o Espelho Físico.

Ambas são desdobramentos do Espelho Clássico. Enquanto Moreno propõe o espelhamento do comportamento e do conteúdo da fala ao mesmo tempo, Dias propõe que tais aspectos possam ser trabalhados separadamente, de acordo com o aspecto a ser abordado: Espelho que Retira (conteúdo da fala) e Espelho Físico (comportamento emitido).

Considerando ainda as dificuldades já mencionadas do trabalho clássico, Dias propõe a junção da técnica do espelho com a técnica do duplo, para agilizar a identificação dos conteúdos internos a serem abordados. Trata-se do *Espelho com Duplo*.

Tendo em vista as inúmeras situações de superaquecimento no *setting* ou a ausência de egos auxiliares ou, ainda, para conseguir colocar o cliente na posição de observador nas suas outras interações, Dias desenvolveu o *Espelho com Cena de Descarga* (veja o Capítulo 6).

Na abordagem do mundo intrapsíquico, vamos encontrar uma série de divisões internas, resultantes dos aspectos relacionais internalizados. Estas divisões internas aparecem do confronto entre Figuras do Mundo Interno em relação ao Verdadeiro Eu do indivíduo. Aparecem também no confronto entre o Conceito de identidade do indivíduo e a Figura Internalizada em Bloco e entre o Eu observador e o Eu operativo dos esquizoides.

No psicodrama clássico, se houvesse a abordagem dessas divisões, necessitaríamos de um ou mais egos-auxiliares. Para viabilizar essa abordagem no bipessoal, Dias desenvolveu o *Espelho Desdobrado*.

Algumas vezes, essas divisões internas aparecem de forma externalizadas, isto é, uma parte da divisão é projetada no interlocutor. Isso acontece nas Defesas Projetivas (Divisão Interna Externalizada e Vínculo Compensatório), tanto na vida como quando instaladas no *setting* terapêutico. Dias desenvolveu para esta abordagem o *Espelho que Reflete*, posteriormente substituído pelo *Espelho com Questionamento*.

Para o trabalho, no bipessoal, de desmonte dos núcleos narcísicos ou quando necessitamos de uma ênfase especial em alguns tipos de falas ou afirmações, Dias desenvolveu o *Espelho com Maximização*.

Segundo o autor (1994), em uma dramatização clássica o paciente pode ocupar três posições:

1. *Desempenhar seu próprio papel.* O efeito terapêutico é que, num clima mais relaxado do "como se" no contexto dramático, ele consegue se perceber melhor, ou perceber seus comportamentos e intenções, do que na realidade mais tensa da própria vida.

2. *Desempenhar o papel do outro.* Independe desse outro ser alguém da realidade externa ou uma figura de mundo interno. O efeito terapêutico é que "vivendo" o papel do outro no contexto dramático, o paciente pode avaliar a situação sob o ponto de vista desse outro.

3. *Ficar na posição de observador.* Ao observar, de fora, as situações em questão, o cliente mobiliza sua parte sadia tanto nas suas observações como nas suas avaliações. É a posição mais importante numa dramatização. É onde ocorrem os *insights*!

Dessa forma, podemos mencionar que nos tipos de espelho propostos por Dias existe apenas um no qual o paciente participa ativamente da dramatização: é o Espelho que Reflete. Nos demais tipos de espelho, o paciente fica na posição de observador e a dramatização é feita pelo terapeuta.

Espelho que retira

Como o próprio nome diz, é uma técnica cujo objetivo é retirar a fala do cliente, para que em seguida comece a surgir uma nova fala, e assim por diante. No espelho que retira, o terapeuta assume o papel do cliente e repete a fala dele, em direção a uma almofada (terapeuta), enquanto esse fica na posição de observador (se observa). Em seguida, o terapeuta pesquisa as associações, sentimentos e lembranças suscitadas no cliente durante a observação. Esse conteúdo oferece condições para um novo espelhamento e uma nova pesquisa, e assim por diante. Usa-se essa técnica até que surja o conteúdo desejado.

Manejo técnico. Na introdução da técnica deve-se usar a seguinte consigna: *Vou continuar a nossa conversa utilizando uma técnica de entrevista chamada de espelho. É uma técnica simples em que vou tentar repetir tudo o que você falou, mas como se eu fosse você, e o terapeuta vai ser aquela almofada. Enquanto eu estiver falando, evite me interromper, mas solte sua cabeça e deixe que surjam associações, lembranças, sentimentos ou qualquer coisa que apareça, e depois me conte. Nas primeiras vezes em que se aplica essa técnica, pode dar um branco e não vem nada. Se isso ocorrer, não se preocupe, porque depois começa a vir.*

Nas vezes subsequentes, utilize apenas a consigna: *Veja-se no espelho.*

É importante que o terapeuta, no papel do cliente, fale em direção a um objeto da sala (cadeira vazia, almofada etc.) evitando o olhar direto para o cliente, pois ele deve ficar na posição de observador.

Pode-se escolher a fala inteira, desde que ela não seja muito extensa, ou apenas espelhar os trechos mais importantes da fala.

O foco do espelho que retira é a fala do cliente e o seu conteúdo; dessa forma, não é necessário o espelhamento dos aspectos físicos. Este será o foco na técnica do espelho físico.

Indicações e efeitos desejados:

- Quando existe Defesa Intrapsíquica no *setting*. Lembremos que as defesas intrapsíquicas são mobilizadas durante a fase das divisões internas da pesquisa intrapsíquica. Segundo Dias (1994, p.147), "a defesa pode ser comparada a um escudo que o cliente usa para se proteger. Uma vez que o terapeuta retira esse escudo (com o espelhamento) o cliente coloca outro, que também é retirado (pelo espelhamento) e assim por diante [...] até que apareça o material que estava sendo defendido (material excluído e evitado pela defesa). Essa é a principal indicação do espelho que retira".

- Pode ser utilizado, na fase do questionamento, com foco no Material Justificado, principalmente com clientes que já tenham passado por algum tipo de processo psicoterápico. Ao ser colocado na posição de observar as próprias justificativas, o cliente começa a questionar a validade ou não dessas, entrando na fase de autoquestionamento.

- Utilizado também para pesquisar dados da vida do cliente: Ouvindo a própria fala, o cliente faz associações, acessa lembranças, pensamentos, sentimentos, percepções e intenções de inúmeros fatos de sua vida. É um modo bastante eficiente de pesquisar o histórico de vida do cliente, sem utilizar o maçante e improdutivo questionário de anamnese.

- Para a elaboração dos conteúdos que surgiram durante a pesquisa intrapsíquica. A técnica do espelho que retira favorece todo o processo de elaboração. É utilizada principalmente na depressão de constatação ou mesmo nos conteúdos de constatação.

Espelho físico

Como o próprio nome já indica, no Espelho Físico o terapeuta capta evidências nos aspectos emocionais que aparecem no corpo, em atitudes e no comportamento. Diferente do Espelho que Retira, no qual a ênfase é dada ao conteúdo da fala.

A técnica é utilizada quando há necessidade de o cliente observar tiques, comportamentos, entonações de voz, atitudes corporais etc.

Manejo técnico. O Espelho Físico é feito dentro do próprio Espelho que Retira. É quando o terapeuta passa a espelhar os aspectos não verbais, comportamentais ou atitudes que ele considera necessário ressaltar. É fundamental que, junto com a consigna normal do espelho, seja feita uma consigna específica para o espelho físico, com o objetivo de avisar com antecedência o cliente que determinados traços físicos, de comportamento ou de atitudes serão imitados e destacados no espelho. Com isso, pretendemos evitar constrangimentos. A consigna deve ser: *Vou novamente utilizar a técnica de espelho, complementada com alguns aspectos que acho importantes para você se avaliar. Vou imitar um pouco a sua gagueira. Ou vou imitar o intenso balanço de perna quando você fala. Ou vou imitar o seu jeito dramático de se expressar (no caso da defesa histérica). Ou vou imitar o seu tique ou seu olhar quando fala.*

Estas consignas evitam o risco de que o cliente sinta-se ridicularizado ou constrangido pelo terapeuta.

Indicações e efeitos desejados:

- Situações em que a angústia patológica se manifeste corporalmente como os tiques, maneirismos, agitações motoras, modo de sentar, atitudes corporais, gagueira, desvios do olhar, entre outras.
- No discurso sempre dramático da defesa histérica instalada no *setting* terapêutico.

O espelho físico provoca no cliente uma ampliação da percepção de si mesmo e o questionamento acerca da origem emocional de tais manifestações corporais.

Espelho com duplo

O Espelho com Duplo é a fusão da técnica do espelho com a técnica do duplo. Nele, além de espelhar o conteúdo da fala do cliente, o terapeuta acrescenta conteúdos latentes que não foram verbalizados pelo cliente. Podem ser sentimentos, pensamentos, percepções, intenções, desabafos etc.

Manejo técnico. A técnica do duplo deve ser inserida no próprio espelho que retira com o cuidado de acrescentar a consigna: *Vou continuar a trabalhar com você aplicando a técnica do espelho, mas vou acrescentar algumas coisas que você não falou. Veja se fazem algum sentido para você. Caso não faça, simplesmente despreze-as.*

Quando se utiliza a técnica do espelho, o terapeuta estabelece um contato psicológico extremamente íntimo com o cliente. Ele praticamente se transforma no cliente. Isso possibilita ao terapeuta captar conteúdos que o cliente ainda não captou, ou mesmo ter *insights* que o cliente ainda não teve. Esses são os conteúdos latentes que devem ser espelhados com a técnica do duplo.

Indicações e efeitos desejados:

- Quando o cliente não consegue perceber ou admitir determinados conteúdos, que ficam apenas sugeridos em seu discurso. Isso acontece principalmente com a defesa de emoções reativas. Ou quando começam a surgir as figuras de mundo interno na fase das divisões internas.
- Quando o terapeuta, durante o espelho, capta os conteúdos latentes ou mesmo tem um *insight* no lugar do cliente.

Ao identificar os conteúdos latentes (sentimentos, percepções, pensamentos ou intenções), espelhados pelo terapeuta como próprios, o cliente vai se conscientizando desses conteúdos que não estavam incluídos no seu conceito de identidade. Isso viabiliza que gradativamente ele os identifique como pertencentes ao seu verdadeiro Eu ou a alguma figura de mundo interno.

Contraindicação: Situações em que o terapeuta não tem noção alguma acerca do material a ser desvendado com a utilização da técnica. Tal conduta poderia induzir o cliente a pensar ou sentir algo que não esteja relacionado ao seu próprio mundo interno e sim ao mundo interno do terapeuta. Pode ainda, em outras situações, aparecer como uma provocação do terapeuta.

Espelho desdobrado

É a técnica de escolha para evidenciar as divisões internas do cliente. Lembremos que um dos grandes problemas da terapia bipessoal em contraposição ao psicodrama grupal é a ausência de egos-auxiliares. O trabalho com divisões internas demanda a técnica clássica Moreniana da Inversão de Papel e principalmente da tomada de posição de observador, por parte do cliente.

Uma vez identificada uma divisão interna na dinâmica do cliente, Dias propõe que se trabalhe sempre com o Espelho Desdobrado. Nestes casos, o terapeuta vai espelhar os dois lados do cliente, marcando os lados com movimentos de cabeça, objetos da sala ou mudança do tom de voz. Ou seja, no caso de haver duas posições, A e B, quando o terapeuta estiver espelhando a posição A deve dirigir o olhar para um ponto da sala (uma almofada ou uma cadeira vazia) como se B estivesse lá. Quando estiver espelhando a resposta de B, não precisa mudar de lugar, apenas espelhar como se B estivesse respondendo para A.

Manejo técnico. Esclarece para o cliente que existem dois ou mais lados argumentando dentro da sua própria fala.

No caso das Divisões Internas Neuróticas, podemos dizer que são dois lados do cliente. Por exemplo: Ana e Aninha.

No caso das Figuras Internalizadas em Bloco, podemos dizer que um dos lados é o cliente e o outro é um Conselheiro. Por exemplo: Ana e a Conselheira Envenenadora.

No caso do núcleo Esquizoide, podemos dizer que é: Ana falando sobre a Ana (Eu observador *versus* Eu Operativo).

No que diz respeito aos esquizofrênicos, podemos dizer que é Ana *versus* o Diabo ou Ana *versus* Suas Vozes etc.

Feito o esclarecimento, passamos a utilizar o espelho desdobrado com a seguinte consigna: *Vou trabalhar com a técnica do espelho, mas vou dar destaque a esses dois lados que estamos identificando. Veja o que lhe ocorre e se por acaso algum deles lhe lembra alguém.*

Indicações e efeitos desejados:

- Nas divisões neuróticas, o objetivo é que ao ver os dois lados o cliente consiga distinguir e separar o seu Eu dos modelos internalizados e dos conceitos morais adquiridos (figuras de mundo interno).

- No caso das figuras internalizadas em bloco, o objetivo é que o cliente comece a separar o seu Conceito de Identidade do Conceito de Identidade da Figura Internalizada em Bloco.

- No caso do núcleo esquizoide, o objetivo é que o cliente comece a perder o medo de estar no *setting* terapêutico, tanto com o Eu observador como com o Eu Operativo, ao mesmo tempo.

- Com esquizofrênicos, o objetivo é que consigam um distanciamento de suas vozes, do diabo, do Espírito Santo, do perseguidor da CIA etc. Dessa forma, ele vai ganhando mais confiança no seu próprio conceito de Eu e discriminando seus Eus Mutuamente Excludentes.

Espelho que reflete – Espelho com questionamento

Formulados por Dias, tanto um como o outro são formados pela junção de duas técnicas Morenianas, o espelho e a interpolação de resistência. Tanto o Espelho que Reflete como o Espelho com

Questionamento são técnicas de escolha quando existem Defesas Projetivas instaladas no *setting* terapêutico. Convém lembrar que as defesas projetivas, na Análise Psicodramática, são as Divisões Internas Externalizadas e os Vínculos Compensatórios.

Sabemos que uma das características das defesas projetivas é que a angústia patológica fica na relação e não no mundo interno do cliente. No caso das defesas estarem no *setting*, a angústia fica localizada no terapeuta e não no cliente.

Na divisão interna externalizada, o cliente coloca seus temas como situações sem saída, e deixa a cargo do terapeuta a procura de uma possível saída para as situações, rejeita todas as saídas propostas e deixa a angústia patológica na relação com o terapeuta.

Quando há vínculo compensatório no *setting*, o cliente coloca o terapeuta como corresponsável em relação a funções psicológicas que seriam de responsabilidade única dele mesmo (Função Delegada). A angústia fica na relação com o terapeuta.

O objetivo, tanto do espelho que reflete como do espelho com questionamento, é, no primeiro caso, fazer que o cliente proponha uma saída para seus impasses, e, no segundo caso, fazer que o cliente assuma a responsabilidade sobre suas funções psicológicas. Em ambos, a angústia patológica deve voltar para o mundo interno do cliente.

Manejo técnico. O Espelho que Reflete é o único tipo de espelho que é dramatizado também pelo cliente. O terapeuta propõe ao cliente dramatizar uma conversa dele (cliente) com ele mesmo, como se tivesse diante de um espelho conversando consigo próprio. A cada problema ou argumento apresentado pelo cliente, este troca de papel com o seu outro Eu do espelho (ego-auxiliar ou o próprio terapeuta), para responder a questão.

No sentido operacional, são colocadas duas cadeiras no contexto dramático. Quando o cliente está na cadeira A, ele expõe seu impasse para o ego/terapeuta/almofada que ocupa a cadeira B. Em seguida, o cliente ocupa a cadeira B, ouve a repetição do impasse dito anteriormente (recitado pelo ego ou terapeuta), e tenta dar (para si mesmo) algum tipo de orientação.

À medida que o espelho caminha, o ego (instruído pelo terapeuta), ou o próprio terapeuta, vai intercalando no final de sua fala as possíveis sugestões implícitas na fala do cliente (interpolação de resistência). A tendência inicial é o cliente rejeitar todas as propostas sugeridas pelo Eu do espelho até que comece, ele próprio, a sugerir ou aceitar alguma proposta. Nesse momento, a angústia voltou para o cliente e a divisão interna externalizada no terapeuta passa a ser uma divisão interna internalizada no cliente. Daqui por diante passamos a utilizar o espelho desdobrado.

O Espelho com Questionamento é a técnica de escolha quando se tem as mesmas defesas no *setting* bipessoal. Nesse caso, a dramatização toda é feita pelo terapeuta.

No sentido operacional, é utilizada a técnica do espelho acrescida da interpolação de resistência, por uma pergunta feita no final da fala do terapeuta. A consigna é: *Vamos trabalhar com a técnica do espelho, mas quando eu te espelhar vou terminar a fala com uma pergunta. Tente respondê-la da melhor maneira que puder.*

Essa pergunta, da mesma forma que na técnica do Espelho que Reflete, é um questionamento ou uma proposta de encaminhamento para resolução do impasse que está sendo tratado. A formulação da pergunta deve sempre estar atrelada ao conflito formador do impasse do cliente. Enquanto ele tenta responder, o terapeuta deve continuar o espelhamento com os questionamentos até o momento que o cliente chega a algum tipo de acordo com ele mesmo. Isso significa que a angústia patológica voltou para o cliente e a divisão interna externalizada se transformou em divisão interna internalizada.

Indicações e efeitos desejados:

- Na divisão interna externalizada no *setting* terapêutico, o objetivo é fazer que o próprio cliente, interagindo com ele mesmo pela técnica do espelho, assuma algum tipo de proposta para encaminhar a saída do impasse. Para isso, é fundamental que a divisão que está externalizada se torne internalizada, e a angústia que está na relação com o terapeuta, volte a ficar com o cliente.

- No caso do vínculo compensatório no *setting*, o objetivo é fazer que o cliente assuma a responsabilidade sobre a função psicológica delegada para o terapeuta. As Funções Delegadas são as de cuidado e proteção (ingeridor), avaliação e julgamento (defecador) e orientação (urinador). Ao assumir a responsabilidade pela função delegada, o cliente inicia o processo de desmonte do vínculo compensatório.

Espelho com maximização

É o espelho que retira, acrescido da técnica moreniana da maximização, na qual o terapeuta exacerba determinadas reações do cliente com o objetivo de realçar aspectos que ele resiste em perceber.

Manejo técnico. A maximização é feita dentro do espelho que retira, realçando os aspectos desejados. A consigna é: *Vou trabalhar com a técnica do espelho, mas vou realçar e até complementar alguns aspectos que estão ditos ou até que estão apenas sugeridos na sua fala. Veja como você avalia isso.*

Indicações e efeitos desejados:

- A principal indicação está na identificação e resolução dos Núcleos Narcísicos. É bom lembrar que a patologia narcísica está ligada a um divórcio entre a percepção externa e a autopercepção. Isso gera um conflito no conceito de identidade do cliente, no qual fica valorizada a autopercepção e não se leva em conta a percepção externa. Podemos dizer que o cliente não aceita e se rebela diante do "Não" externo. Essa rebeldia se manifesta pelas racionalizações, ilusões, cinismos, birras, obstinações, destrutividade, despeito, apatia e desânimo.

- O objeto da maximização é evidenciar, de forma enfática, essas racionalizações, ilusões, cinismos, birras, obstinações, destrutividade, despeito, apatia e desânimo como formas de rebeldia para evitar a aceitação do limite da realidade (o Não externo).

Espelho com cena de descarga

É a técnica na qual o terapeuta, utilizando o espelho, possibilita a descarga das falas e dos sentimentos do cliente tanto em relação às pessoas de seu mundo externo como às suas figuras de mundo interno.

O Espelho com Cena de Descarga é uma técnica que pode ser inserida nas técnicas de Realidade Suplementar, criadas por Moreno.

No psicodrama moreniano grupal ou mesmo individual com auxílio de egos-auxiliares, estas descargas eram fruto das próprias dramatizações no contexto do "como se".

No trabalho bipessoal, com ausência de egos-auxiliares e pouco aquecimento, as cenas de descarga podem ser realizadas pelo próprio cliente (se estiver convenientemente aquecido) ou pelo terapeuta, utilizando a técnica do espelho.

Manejo técnico. O terapeuta espelha, em direção a uma almofada ou cadeira vazia, as falas ou os sentimentos não ditos pelo cliente para alguém de seu mundo externo ou mais usualmente para suas figuras de mundo interno. A consigna é: *Vou trabalhar com a técnica do espelho, mas vou falar as coisas que você* *tem me dito para essas pessoas (por exemplo, seu pai, sua chefe, seu avô já falecido, sua turma da faculdade, todas as mulheres sedutoras, para sua prima etc.). Não é para você sair da sessão e falar isso para elas, é apenas um exercício para você sentir e avaliar como seria se você de fato falasse.*

Indicação e efeitos desejados:

- Quando o cliente está superaquecido em relação a alguém das suas relações ou mesmo alguma figura de mundo interno. Nestes casos, é melhor tentar a descarga feita pelo próprio cliente. No caso de não conseguir isso, o terapeuta deve fazer a descarga por meio dele utilizando a técnica do espelho. O objetivo é desaquecer para poder trabalhar.

Convém lembrar que o superaquecimento pode se dar por: raiva, amor, culpa, arrependimento, atração amorosa etc.

- Quando o cliente passa um tempo longo da terapia falando de impasses e conflitos com muitas pessoas, mas o terapeuta não percebe nenhuma mudança nas relações com essas pessoas. Se esta atitude se mantém, pode ocorrer duas coisas: o cliente começa a projetar, no terapeuta, as cargas transferenciais desses conflitos. Além disso, o cliente tende a ficar mobilizando uma série de conteúdos em relação a essas pessoas, sem descarregá-los adequadamente. Nesses casos, o terapeuta deve, de tempos em tempos, direcionar esses impasses e conflitos para quem de direito, isto é, as pessoas em questão. Para isso, utiliza-se da técnica do espelho com cena de descarga.
- Quando o terapeuta quer mobilizar o impedimento interno de confrontar seus impasses e conflitos com as pessoas. Em outras palavras, mobilizar a divisão interna. Nestes casos a consigna do

VICTOR R. C. S. DIAS E COLABORADORES

espelho deve ser acrescida de: *Avalie, durante o espelho, quais são os impedimentos de você confrontar essas pessoas.*

Uma vez identificado o impedimento, temos a divisão interna: lado do cliente que quer falar ou expressar suas vontades *versus* lado do cliente (muitas vezes uma figura de mundo interno) que desaconselha ou impede essa expressão. O trabalho segue então com o Espelho Desdobrado.

As técnicas de espelho propostas por Dias aceleram significativamente o processo psicoterapêutico, uma vez que deixa rapidamente estampados para o cliente os verdadeiros motivos de seus comportamentos. Desse modo, as justificativas, as defesas e as figuras de mundo interno vão sendo gradativamente enfraquecidas, e o verdadeiro Eu emergindo dentro do psiquismo do cliente.

Entendemos que as dramatizações clássicas também podem ter esse poder, quando utilizadas no processo grupal e com uma referência de psicopatologia adequada. Essas dramatizações contam com uma grande caixa de ressonância afetiva (dada pelo grupo ou plateia) e uma profusão de egos-auxiliares.

Na psicoterapia bipessoal não contamos com a caixa de ressonância (aquecimento) grupal, e não dispomos de egos-auxiliares.

Essas técnicas, que acabei de apresentar, foram pensadas e desenvolvidas exatamente para atender essa nova realidade, que é a psicoterapia bipessoal processual de orientação psicodramática e, no nosso caso, da análise psicodramática.

Convém acrescentar que o efeito produtivo das técnicas se dá particularmente porque o terapeuta aumenta sua capacidade télica e a percepção do seu cliente. A técnica do espelho é uma das que mais propicia que o terapeuta internalize a psicodinâmica do cliente. Ela permite ao terapeuta um contato extremamente íntimo com os sentimentos, o modo de funcionamento psíquico e o modo de perceber o mundo do seu cliente. O terapeuta consegue inverter o papel com seu cliente durante todo o tempo em que utiliza as técnicas de espelho.

Essa elevação da capacidade télica cria condições para que o terapeuta recorra à sua capacidade espontânea e criativa de utilizar os espelhos de acordo com a necessidade do cliente a cada momento da terapia, podendo transitar entre elas, fazendo pequenas alterações e junções. Assim, o terapeuta fica à vontade para, por exemplo, acrescentar um Duplo quando estiver usando um Espelho Desdobrado.

REFERÊNCIAS BIBLIOGRÁFICAS

DIAS, V. R. C. S. *Análise psicodramática e teoria da programação cenestésica.* São Paulo: Ágora, 1994.

MORENO, J.L. *Psicodrama.* São Paulo: Cultrix, 1975.

_____. *Psicoterapia de grupo e psicodrama.* Campinas, SP: Editorial Psy, 1993.

BIBLIOGRÁFICAS

BUSTOS, D. M. "Que é psicoterapia psicodramática?" *Revista da Sociedade de Psicodrama de São Paulo.* Ano II, dez/77-jun/78, n. 2., 1978.

CUKIER, R. *Psicodrama bipessoal:* sua técnica, seu terapeuta e seu paciente. São Paulo: Ágora, 1992.

DEPETRIS, R.; DEPETRIS, A. M. G. "Psicoterapia Psicodramática Bipessoal". *Revista da Sociedade de Psicodrama de São Paulo*. Ano II, dez/77 a jun/78, n. 2., 1978.

DIAS, V. R. C. S. *Psicodrama:* teoria e prática. São Paulo: Ágora, 1987.

_____. *Sonhos e psicodrama interno*. São Paulo: Ágora, 1996.

_____. *Vínculo conjugal na análise psicodramática*. São Paulo: Ágora, 2000.

_____. *Sonhos e símbolos na análise psicodramática*. São Paulo: Ágora, 2002.

MASSARO, G. "Técnicas psicodramáticas e temporalidade". *Revista da Febrap*, Anais do IV Congresso Brasileiro de Psicodrama, ano 7, n. 4, 1984.

6. Cenas de descarga

ELZA MARIA MEDEIROS

Dedico este trabalho a meu filho Tomás, por todas as cenas.

Elza

Cenas de Descarga é uma técnica sistematizada e desenvolvida por Victor Silva Dias, dentro da Análise Psicodramática, no qual *o terapeuta utiliza dramatizações em que o cliente expressa e comunica conteúdos internos (sentimentos, pensamentos, percepções e intenções) reprimidos ou contidos, tanto para personagens de seu mundo externo como para figuras de seu mundo interno.*

As Cenas de Descarga foram desenvolvidas de acordo com as cenas de Realidade Suplementar, criadas por Moreno e assim definidas por ele:

> [...] a realidade suplementar é a realidade modificada, amplificada ou atenuada pela imaginação de alguém. No Psicodrama [...] solicita-se às pessoas que contribuam com a vida para torná-la melhor ou mais ampla [...] para auxiliá-las a mudar sua perspectiva da realidade [...] (*apud* Marineau, 1989, p. 168)

VICTOR R. C. S. DIAS E COLABORADORES

[...] Permitir dramatizar o "não acontecido" é dramatizar o que Moreno denominou realidade suplementar. A finalidade é conhecer e desvelar, no processo psicoterápico, o sentido e o significado dessa realidade para o protagonista [...] (*apud* Gonçalvez, 1988, p. 92)

Cenas de Descarga são cenas sobre situações que nunca aconteceram e que muitas vezes jamais iriam ou irão acontecer na vida do cliente e que, graças ao contexto dramático, podemos fazer que ocorram. Portanto, podem ser inseridas dentro da técnica de Realidade Suplementar.

Como já citado no capítulo anterior, as técnicas morenianas foram criadas para o Psicodrama Grupal que consistia em uma psicoterapia pontual e de curta duração, com uma enorme caixa de ressonância afetiva, dada pelo grupo e pela plateia, o que gerava um alto grau de aquecimento, além de uma profusão de egos-auxiliares. Neste cenário, o que hoje chamamos de cena de descarga, é a consequência natural das dramatizações feitas com auxílio dos egos. Sejam elas dramatizações no universo relacional do cliente ou mesmo dramatizações de realidade suplementar.

Com o advento do Psicodrama Individual (terapeuta, ego-auxiliar e cliente), as dramatizações perderam o seu nível de aquecimento, embora continuassem a contar com, pelo menos, um ego-auxiliar.

Na introdução do Psicodrama Bipessoal e da psicoterapia processual com técnicas psicodramáticas, as dramatizações perderam bastante do seu aquecimento, e também o ego-auxiliar, cuja função passou a ser desempenhada pelo terapeuta, apesar das limitações. Dessa forma, tornou-se cada vez mais necessária uma reformulação e a criação de novas técnicas psicodramáticas.

A Análise Psicodramática, criada por Victor Silva Dias, é uma forma de psicoterapia longa e processual, com abordagem relacional e intrapsíquica, predominantemente bipessoal em que se mantém a postura e uma grande parte das técnicas psicodramáticas modificadas e reformuladas.

Nesse capítulo sobre as Cenas de Descarga, vou me ater às reformulações e sistematizações feitas dentro da Análise Psicodramática.

A cena de descarga pode ser feita de duas maneiras:

1. Cena de Descarga Direta: é feita pelo próprio cliente, estimulado pelo terapeuta, expressando e comunicando seus conteúdos internos para um personagem de seu mundo externo (relacional) ou para um personagem de seu mundo interno (intrapsíquico). Estes personagens podem ser representados por almofadas, cadeiras vazias, objetos da sala e quando existe possibilidade por um ego-auxiliar.

2. Cena de Descarga pelo Espelho: é feita pelo próprio terapeuta, utilizando a técnica do espelho. O cliente fica com o papel de observador, enquanto o terapeuta expressa e comunica os conteúdos, contidos ou reprimidos, do cliente para personagens do seu mundo externo (relacional) ou para figuras de seu mundo interno (intrapsíquico). Nestes casos, muitas vezes, o terapeuta acaba acoplando ao espelho conteúdos latentes (técnica do duplo), aumentando assim a eficiência da descarga.

A técnica do duplo, na visão de Moreno (1974, p. 125), fornece ao cliente um "inconsciente auxiliar". Na cena de descarga, ele é acoplado ao espelho tornando esse método quase "cirúrgico", pois permite uma grande exposição dos conteúdos internos latentes do cliente.

As Cenas de Descarga, dentro da Análise Psicodramática, têm indicações e objetivos bem definidos:

A consigna das Cenas de Descarga, na descarga direta é: *Aproveite esse momento, imagine ele ou ela ou eles naquela almofada ou cadeira vazia, e diga tudo o que você tem vontade. Como é uma almofada, pode falar tudo que vier à cabeça.* Após a descarga, o terapeuta deve sempre espelhar o conteúdo do que foi dito, e caso tenha mais coisas, deve fazer nova descarga. Ao final, deve ser lembrado que o que foi dito, no contexto dramático, não é para ser dito lá fora ou pelo menos não deve ser dito como foi na dramatização.

Na descarga pela técnica do espelho, a consigna é: *Vou falar para ele/ela/eles como se fossem aquela almofada ou estivessem sentados naquela cadeira, todas as coisas que você me disse ou tem me dito. Vou aproveitar e falar também coisas que ficaram sugeridas nas suas falas. Mas não é para você sair falando isso lá fora. É para ver como você se sente ou se avalia se isso acontecesse.*

1. Superaquecimento do Cliente. São situações em que o cliente está com seus conteúdos internos muito exacerbados e não consegue um mínimo de postura reflexiva para examiná-los. Apesar de ser na terapia bipessoal, o cliente se encontra bem aquecido, portanto, é melhor fazer que ele descarregue essa tensão para conseguir, depois, uma condição emocional mais reflexiva.

Este é um exemplo hipotético: Marcos chega à sessão extremamente revoltado com seu chefe. Segundo ele, um colega seu foi privilegiado numa promoção e ele foi preterido. A revolta é tamanha que Marcos não consegue avaliar as possíveis causas que levaram a essa situação (superaquecimento).

Pedimos que ele diga para seu chefe (representado por uma almofada ou cadeira vazia) tudo aquilo que tem vontade, sem nenhuma restrição (é uma almofada e não o chefe verdadeiro), visto que está em contexto dramático.

Após esta descarga de tensão, o próprio terapeuta assume o papel de Marcos e repete, no espelho, essa descarga. Na posição de observador e já tendo descarregado sua revolta, Marcos tem condições de ganhar distância afetiva e reavaliar a situação.

O objetivo principal desse tipo de descarga é o imediato desaquecimento emocional do cliente para uma posterior reflexão sobre o assunto. O superaquecimento pode ser por revolta, paixão, arrependimento, acusação, pena etc.

2. *Evitar Cargas Transferenciais para o Terapeuta:* Nestes casos, utiliza-se a cena de descarga para dirigir o fluxo de conteúdos do cliente para os personagens de seu mundo externo ou para suas figuras internalizadas em questão, e não para o terapeuta. Ao desviarmos o fluxo de conteúdo para quem é de direito, no contexto dramático, conseguimos objetivar melhor as relações do cliente e evitamos, em vez de estimularmos, cargas emocionais transferidas para o terapeuta.

Exemplo: Já faz algum tempo que Mariana vem às sessões queixando-se da mãe. Diz que ela tem preferência pelo irmão, que exige muito dela, que é muito crítica, que não tem tolerância com seu namorado, que se intromete em suas coisas etc. São queixas que Mariana faz ao terapeuta e não para sua mãe. Ela não assume enfrentar e confrontar a própria mãe. Dessa forma, Mariana vai depositando todas suas insatisfações no vínculo terapêutico, favorecendo o surgimento de cargas transferenciais com o terapeuta. Lançamos mão da cena de descarga, no contexto dramático, para dirigirmos as queixas para quem de direito, nesse caso, para a mãe da Mariana. Se a cliente estiver bastante aquecida, podemos utilizar a descarga direta, caso contrário, vamos utilizar a descarga no espelho. Na cena de descarga no espelho, o terapeuta vai espelhar as queixas da Mariana em direção a uma almofada ou cadeira vazia como se lá estivesse a mãe da Mariana, enquanto a cliente fica no papel de observadora, avaliando, inclusive, por que não enfrenta e confronta esta mãe.

É bom lembrar sempre da consigna de que o cliente não deve agir na vida dessa forma (falar o que está sendo falado na cena de descarga) e sim com outros critérios.

Exemplo: Eduardo sofreu um acidente de carro e a vítima faleceu. Embora tenha sido declarado inocente, ele mesmo não se desculpa. Continua a se culpar e a se lamentar nas sessões. A cena de descarga é indicada para que ele fale diretamente com a vítima morta (almofada ou cadeira vazia), no contexto dramático, e se desculpe. Caso esteja bastante aquecido, o cliente deve ser estimulado a realizar a cena de descarga direta, caso contrário, usa-se a cena de descarga pelo espelho.

Muitas vezes esse tipo de cena é utilizado para se despedir, se desculpar ou mesmo se posicionar diante de pessoas do mundo externo ou figuras de mundo interno do cliente, se isso não foi possível na época.

O objetivo dessas cenas de descarga é fazer que o cliente passe a dirigir a descarga dos conteúdos emocionais para quem é de direito (livrando o terapeuta das cargas transferenciais) e também liberando novos conteúdos que eventualmente estavam tamponados pelos conteúdos antigos.

3. *Evidenciar a Divisão Interna Encoberta:* Nesses casos, a Cena de Descarga se transforma, por excelência, em uma técnica de questionamento. Está indicada quando o cliente vem às sessões, sistematicamente, criticando, acusando, queixando-se, desprezando, comparando-se etc. em relação a outras pessoas, mas nunca se voltando para si mesmo. Dizemos que o cliente "enxerga o outro", mas "não se enxerga". Nesses casos, a cena de descarga deve ser realizada por meio do espelho (pelo terapeuta) para que o cliente (no observador) se veja e avalie suas próprias posturas. O objetivo principal desta cena de descarga não é a descarga dos conteúdos, mas sim a evidenciação dos impedimentos. Qual o impedimento interno que bloqueia o enfrentamento ou o confronto com a figura ou pessoa em questão?

Uma vez evidenciado o impedimento, caímos em uma divisão interna internalizada: de um lado o cliente que quer ou precisa fazer o confronto, e de outro uma parte do cliente que impede que isso seja feito. Fica um confronto cliente *versus* cliente.

Exemplo: Patrícia tem uma postura crítica com todo mundo, critica o namorado, as amigas, os pais, os professores etc., mas nunca se avalia ou faz uma autocrítica. Na cena de descarga, feita pelo espelho, Patrícia tem chance de fazer um cara a cara com seu lado crítico, que está canalizado para os outros. Dessa forma, Patrícia pode avaliar a origem e a intenção das suas críticas, e assim cair em uma divisão interna.

4. Enfrentamento da Figura de Mundo Interno: Uma das funções da psicoterapia é o trabalho das divisões internas. Existe um lado do verdadeiro Eu e o outro representado pelas figuras de mundo interno (modelos internalizados ou conceitos adquiridos). O trabalho psicoterápico consiste em identificar o conflito envolvendo o verdadeiro Eu e a figura de mundo interno. Uma vez identificada a figura de mundo interno, necessitamos de um confronto/enfrentamento do cliente com a figura, para que ela seja deletada do conceito de identidade e abra lugar para resgatar e integrar partes do verdadeiro Eu, que estavam na 2ª zona de exclusão. Esse enfrentamento é feito pela cena de descarga, seja ela direta ou pelo espelho, dependendo sempre do grau de aquecimento no *setting* terapêutico.

Exemplo: Maria constata, depois de várias sessões de psicoterapia, que um lado seu, extremamente cobrador, é identificado com seu avô (modelo internalizado/figura de mundo interno). Esse avô sempre foi muito rígido e autoritário e exigia da neta um comportamento semelhante. Maria se dá conta de que, em determinados momentos, suas exigências, falas e comportamentos são muito semelhantes aos do avô. Dessa forma, fica evidente que essa cobrança exagerada não é do verdadeiro Eu de Maria e sim da Figura de Mundo Interno do modelo internalizado do avô.

Com o auxílio do terapeuta, no contexto dramático, Maria pôde enfrentar esse modelo do avô que sempre a oprimiu e impediu de ser ela mesma. A cena de descarga proposta é que Maria visualize seu avô em uma almofada ou cadeira vazia e diga para ele tudo o que tem vontade, se reposicionando em relação a cobranças e exigências em questão. O objetivo é que Maria enfrente e delete a parte do modelo internalizado que a oprime e que, ao mesmo tempo, assume seu verdadeiro Eu. Essa cena de descarga pode ser feita de maneira direta ou pelo terapeuta na técnica do espelho, dependendo do aquecimento que se conseguiu no *setting*.

5. *Conexão de Conteúdos nas Defesas Dissociativas:* Devemos lembrar que a Dissociação, como defesa, evidencia um superaquecimento do psiquismo. O cliente desconecta a parte mais conflitada do seu Eu para que o psiquismo possa funcionar sem ter contato com ela. O psiquismo "desliga" de maneira automática a parte conflitada a fim de preservar o restante da identidade psicológica.

Comparamos o mecanismo de dissociação com os disjuntores da caixa de luz de uma casa. Caso haja um curto-circuito, os disjuntores desligarão automaticamente a energia elétrica. Parte da casa ficará sem luz, mas a fiação será preservada (Dias, 2006, p. 81).

A estratégia psicoterápica para trabalhar as dissociações é a de utilizar primeiro o espelho que retira para desaquecer o psiquismo e assim começar a surgir o material dissociado. A cada material conflitado e dissociado que aparecer durante o espelho que retira, ele deve ser reconectado por meio da Cena de Descarga.

A utilização do espelho que retira serve para "fazer aparecer o curto" e a cena de descarga para "arrumar esse curto".

6. *Evidenciar o Sentimento Evitado nas Emoções Reativas:* Convém lembrar que o mecanismo das emoções reativas faz parte das Defesas Conscientes do psiquismo. Nele, o cliente evita uma determinada emoção e mobiliza outra no seu lugar (euforia em vez de tristeza, pena em vez de hostilidade etc.). Essa emoção reativa esconde o verdadeiro sentimento, evitando assim o contato com os

conteúdos que seriam evidenciados ao assumir o verdadeiro sentimento. Utilizamos a Cena de Descarga, no espelho, para evidenciar a verdadeira emoção encoberta pelo cliente.

Exemplo: Pedro é casado há dez anos e tem duas filhas, vem se queixando e reclamando da esposa, que está cada vez mais independente, que vem mentindo e dissimulando intenções. Ela não o obedece mais e vem evitando-o sexualmente. Pedro relata esses fatos de forma indignada e raivosa, mas o conteúdo da fala é de impotência, tristeza, quase um pedido para que ela volte a ser como antes.

Identificamos que a raiva e a indignação presentes na forma não estão sintonizadas com o conteúdo que é de tristeza e impotência. Isso configura a defesa consciente de emoção reativa na qual a raiva e a indignação (emoção reativa) estão encobrindo a verdadeira emoção (tristeza e impotência).

A Cena de Descarga é a técnica de escolha para trabalhar essa situação. Após um clareamento da contradição entre a forma e o conteúdo do discurso, o terapeuta deve utilizar a seguinte consigna: *Vou falar em direção àquela almofada como se sua esposa estivesse lá, só que vou fazer dois discursos. Primeiro vou fazer o discurso da forma (raiva e indignação), depois, vou fazer o discurso do conteúdo (tristeza e impotência). Veja com qual deles você mais se identifica.*

Nestes casos, a Cena de Descarga deve ser feita sempre pelo terapeuta, pela técnica do espelho.

Uma vez evidenciado o verdadeiro sentimento, a sequência é trabalhar os conteúdos evitados que se encontram relacionados a ele.

7. Rompimento ou Desmonte do Vínculo Compensatório: A cena de descarga é a técnica de escolha quando se trabalha tanto o rompimento quanto o desmonte do vínculo compensatório.

É bom lembrar que o vínculo compensatório é um vínculo de dependência em que: *o indivíduo delega (função delegada) para outra pessoa, bicho ou coisas (cigarro, bebida, comida etc.) a responsabilidade de uma função psicológica (cuidado, proteção, julgamento ou orientação) que deveria ser sua e não do outro.*

A cena de descarga é utilizada em dois momentos distintos do trabalho com o vínculo compensatório na psicoterapia.

No primeiro momento, o objetivo é o de conscientizar a Função Delegada. A cena de descarga é feita pelo cliente ajudado pelo terapeuta com a técnica do espelho. Nela, o cliente, complementado pelo terapeuta, informa à figura investida da função delegada sobre a importância e a função que ela tem na vida psicológica do cliente. Essa figura pode ser uma pessoa (chefe, marido, esposa, amigo etc.), um bicho de estimação ou uma coisa (cigarro, bebida, comida etc.) que está representado por uma almofada ou cadeira vazia.

Exemplo: Fernando tem um vínculo compensatório, de ingeridor, com o cigarro. Cada vez que Fernando fuma, ele se sente cuidado e protegido. Largar o cigarro gera uma vivência de desamparo e de abandono.

A primeira cena de descarga é feita de modo que Fernando possa, com a ajuda do terapeuta, falar para o cigarro, representado por uma almofada, toda a importância que ele representa na vida dele. A consigna é formulada de modo que o cliente fale para o cigarro, como se ele fosse uma pessoa. O que geralmente encontramos são verdadeiras declarações de amor e de confiança. Essa fala deve ser espelhada pelo terapeuta para que o cliente, no papel de observador, possa melhor avaliar essa importância. No final desse trabalho, consegue-se identificar a função psicológica que está delegada para o cigarro.

Uma vez trabalhada a Função Delegada e o cliente se propõe a assumir a responsabilidade dessa função, entramos na segunda fase da cena de descarga. O objetivo dessa cena é a despedida do objeto que funcionou como função delegada.

Nessa cena de descarga, Fernando deve, novamente, ser ajudado pelo terapeuta na sua despedida do cigarro (objeto da função delegada), agradecê-lo e assumir como será sua vida sem ele. Como da outra vez, a consigna é a de falar com o cigarro como se fosse uma pessoa. São cenas de grande conteúdo emocional que deve ser depois espelhada pelo terapeuta.

Estas são as principais indicações da utilização das Cenas de Descarga.

REFERÊNCIAS BIBLIOGRÁFICAS

DIAS, V. R. C. S. *Psicopatologia e psicodinâmica na análise psicodramática.* São Paulo: Ágora, 2006. v. 1.

GONÇALVES, C. S. *Lições de psicodrama:* introdução ao pensamento de J. L. Moreno. São Paulo: Ágora, 1988.

MARINEAU, R. F. *Jacob Levy Moreno 1889-1974.* São Paulo: Ágora, 1989.

MORENO, J. L. *Psicoterapia de grupo e psicodrama.* São Paulo: Mestre Jou, 1974.

7. A técnica da tribuna

FÁBIO GOFFI JR.

MAI FERREIRA MAGACHO

*"A Tribuna tira a maioria silenciosa do silêncio e
silencia a minoria gritante."*
Victor Dias

Perdeu-se no tempo as origens da utilização de uma "tribuna" pela psicologia e pelo psicodrama. Dentro da Análise Psicodramática tem sido utilizada como jogo ou como técnica, para o trabalho com grupos tanto na instituição como na clínica psicoterápica. É um instrumento bastante útil quando nossa meta é a comunicação direta pela fala.

Johan Huizinga (1872-1945) define jogo como "atividade ou ocupação voluntária executada dentro de certos limites fixos de espaço, de acordo com regras livremente aceitas, absolutamente restritivas, que tenha seu fim, em si mesma e que se faça acompanhar de um sentimento de tensão, alegria e da consciência de que ela difere da vida ordinária".

O jogo é um instrumento bastante usado em psicodrama desde Moreno.

Segundo Regina Monteiro (1994), "surge da necessidade de uma terapia em baixo nível de tensão, em uma situação preservada, onde o indivíduo não está trabalhando diretamente seu conflito".

Essa atividade pode ser considerada como técnica, enquanto utilizada com finalidades específicas, e como recurso básico dentro de um processo de terapia ou intervenção institucional (pedagógica ou *coaching*).

DESCRIÇÃO DA TÉCNICA E INSTRUMENTOS

A técnica segue os preceitos gerais do Psicodrama, levando em conta o contexto, os cinco instrumentos (diretor, ego-auxiliar, auditório, cenário, participantes do grupo) e as três etapas (aquecimento, dramatização e comentários).

O contexto em que é aplicado o jogo ou a técnica da tribuna é o local onde ocorrerá a ação. No Psicodrama em geral não existem regras restritivas, a não ser pela regra de esclarecer ao público sobre o tipo de trabalho a ser desenvolvido e estabelecer um *setting*.

O cenário consiste de um púlpito, tribuna ou local apartado do grupo e de destaque (simplesmente uma cadeira), para onde cada membro se dirigirá quando for seu momento de falar. O auditório será de acordo com as características do local, com os participantes do grupo sentados em círculo ou em auditório, ou em mesas, contanto que acomodados de uma forma que tenham fácil acesso ao púlpito ou à tribuna quando for sua vez de falar.

O diretor/terapeuta tem de ter o controle do grupo durante todo o decorrer da ação. É ele quem dá as consignas, determina o tempo de fala de cada um e o único que pode interromper/questionar quem está na tribuna.

O ego-auxiliar permanece observando e registrando dados sobre a atuação dos integrantes do grupo. Eventualmente pode sentar-se ao lado de algum participante, quando este, no auditório, demonstrar que necessita continência.

As etapas do jogo consistem em um aquecimento, quando o diretor/terapeuta fornece as consignas de que cada participante desse grupo terá sua vez, definida previamente, para ir à tribuna e desenvolver sua fala, cujo tempo também é preestabelecido para todos.

Dentro da instituição, normalmente, são feitas duas ou três passagens de cada participante pela tribuna, enquanto na clínica este número pode ser bem maior, pois os grupos são menores e depende da dinâmica a ser trabalhada. Deve-se frisar que enquanto cada participante estiver na tribuna, só o diretor/terapeuta poderá interromper a fala, e o público deverá conter-se e esperar sua vez de estar na tribuna para retrucar e emitir sua opinião a respeito. Além disso, deve-se salientar que caso não tenha desejo de falar, o participante terá de se dirigir à tribuna mesmo que fique em silêncio, mas sinta que tem o poder de manifestação.

Também nesse momento o diretor determina se a tribuna estará voltada para si ou para o público. Esse recurso aumenta ou diminui a tensão. No caso de grupos com um nível alto de tensão e grande tendência a confronto, o ideal é colocar a tribuna de maneira que a fala fique dirigida ao diretor/terapeuta e, com isso, funcione pelo princípio do Espelho que Retira, diminuindo a tensão do público. Por outro lado, pode-se colocar a tribuna voltada para o grupo quando ele for muito grande ou nas situações em que não esteja suficientemente aquecido ou mobilizado.

Nessa fase de aquecimento, dependendo dos objetivos almejados, o diretor poderá optar por fornecer consignas específicas. No caso de um ambiente profissional, esclarecerá que o foco é trabalhar determinado tema dentro do papel que cada um exerce na instituição, não devendo entrar em temas de vida pessoal. Poderá optar por uma tribuna tematizada, ou seja, escolher um tema ou papel específico a ser trabalhado. Poderá também sugerir consignas como tomada de papel, quando todos os participantes tomam o lugar na tribuna como se fossem o chefe, por exemplo, e são questionados pelo diretor enquanto tal.

Na ação propriamente dita, cada participante, na sequência que foi estabelecida, vai à tribuna e, no tempo controlado pelo diretor (que pode delegar ao ego-auxiliar ou relógio despertador) desenvolve sua fala. O diretor pode deixar que o assunto corra livremente sem interrupções ou fazer questionamentos, dirigir o assunto, no caso da meta ser permitir catarse ou pesquisar e aprofundar o tema.

Nos comentários finais, o diretor/terapeuta, além de emitir sua impressão quanto ao consenso grupal, deverá comentar que o próprio grupo forneceu aos participantes elementos suficientes para uma avaliação pessoal mais aprofundada do tema, o que vale mais do que uma opinião fechada de um terceiro, por mais habilitado que seja (diretor ou terapeuta). Com isso, valoriza a capacidade de cada um de elaborar/digerir o que foi colocado.

CARACTERÍSTICAS

1. Estar na tribuna autoriza a fala, cria continência e condições favoráveis para que os conteúdos possam ser comunicados e expressos.

2. Estar na plateia, em posição de espectador passivo (não podendo se manifestar), coloca o ouvinte em uma posição de distanciamento suficiente para se manter aquecido no tema, mas num nível de tensão que permita uma avaliação do conteúdo que está sendo dito. As falas vão se sobrepondo, trazendo no discurso

de cada participante referências à fala do outro, o que também favorece uma avaliação mais elaborada sobre o assunto.

3. O terapeuta fornecendo as consignas que norteiam essa relação, permite organizar o caos e permite que assuma, de maneira mais sutil e efetiva, seu papel de diretor, e por meio de questionamentos vai encaminhando o discurso para alcançar os objetivos de pesquisa, integração, aprofundamento, ajudando o surgimento de temas. Ele pode manter o campo relaxado com baixo nível de tensão, sem trabalhar diretamente os conflitos, ou trabalhar em campo mais tenso, aumentando a angústia e fazendo surgir e aprofundar díades conflitantes. Por isso o comando do terapeuta é que determina a tribuna como jogo dramático ou técnica em uma sessão de terapia.

4. Na prática institucional, o que tem sido observado é que quando há pouca interferência do diretor, a tendência natural do grupo é a seguinte: na primeira passagem pela tribuna, o conteúdo que surge é relacionado a queixas e reclamações; na segunda passagem, aparecem as opiniões, e os aspectos positivos são salientados; na terceira, começa a ser formalizado um consenso ou conceito mais específico sobre a questão em pauta.

FUNÇÕES

A tribuna instrumentaliza a relação pela fala e escuta, evitando confronto direto. Permite a *comunicação* (entendida dentro da Análise Psicodramática como a capacidade de poder emitir algum conteúdo de dentro da pessoa para fora, é o "doar ao mundo um pedaço seu") e a *expressão* (entendida na Análise Psicodramática como a maneira pela qual a pessoa comunica suas opiniões, seus sentimentos, ao mundo). Também concorre para uma melhor avaliação desse conteúdo expresso e comunicado, dando condições para melhor estruturação e *elaboração de conceitos* mais télicos "te vejo com teus olhos e você me vê com os meus".

A permissão de expor conteúdos para avaliação pública fornece ao indivíduo o alívio de ser ouvido, de que sua opinião é relevante. Faz as vezes de uma *cena de descarga*, que permite o desaquecimento do cliente por meio da descarga de tensão, e a partir disso a possibilidade de elaborar a questão em pauta.

Uma vez que seus conteúdos internos podem ser exteriorizados, ele aumenta sua preocupação em formalizar melhor suas ideias e sentimentos para ser compreendido, ou seja, aumenta a sua responsabilidade com o que diz. Ao ficar na posição de ouvinte, tem a oportunidade de escutar o efeito de suas ideias nos outros, observar o quanto têm eco, sintonia e afinidade com outras ideias. Além disso, pode receber oposição às suas ideias, ou ampliar o alcance de seus pensamentos ou emoções. Por fim, tem a chance de reavaliar suas posições.

Quanto ao grupo, cada vez que um participante dá sua opinião, vai sendo construído um tema de consenso, em que as ideias que mais se coadunam são as que vão ganhando espaço nas falas subsequentes, dando espaço ao surgimento de um conceito geral, de consenso com a maioria.

A tribuna é uma técnica democrática porque garante a liberdade de expressão. Independentemente de qual seja o papel de cada um dentro do grupo, ali todos têm direitos iguais, tempos iguais para falar e o terapeuta/diretor estimula aqueles que se mostram mais constrangidos ou possivelmente ameaçados a se colocarem mais, utilizando-se de um clima de continência e segurança que vai se instalando no *setting*.

A tribuna permite o reconhecimento de um *modelo de comunicação mais adequado* a ser instalado, que ajuda a evitar o caos. Além disso, favorece o *sharing* entre os participantes, que ao longo da sessão se despem de suas defesas e couraças possibilitando a troca e o compartilhar de sentimentos, emoções, pensamentos sobre situações ocorridas ao longo da convivência. Esse é um momento tocante e especial, quando as pessoas se aproximam, e por momentos esquecem pendências, arestas, diferenças e de alguma forma reafirmam a vontade de continuarem juntas e dispostas para continuar tentando, investindo na relação.

APLICAÇÕES E INDICAÇÕES

Aplicações: Esse instrumento é importante porque favorece a descarga de tensões internas e sentimentos gerados pela situação. Favorece os mecanismos de criação, elaboração, expressão e comunicação dos conteúdos internos para o exterior. Por isso, sua aplicação é valiosa em vários *settings*, a saber:

1. Psicoterapia de grupo
- Em início de grupo, para ajudar a organizar a situação de caos e indiferenciação. Facilita a integração.
- Como aquecimento em uma sessão, para escolha de protagonista (tema ou participante). Favorece a escolha de um tema de consenso grupal.
- Para o trabalho com tema específico, por exemplo, agressividade, competição, relações parentais, papel profissional, dentre outros.
- Trabalho específico com a configuração grupal. Segundo Victor Dias, os grupos em psicoterapia apresentam "quatro configurações básicas que são fundamentais para o estabelecimento do clima terapêutico, que vai funcionar como rede de sustentação para a pesquisa intrapsíquica dos clientes", a saber:

VICTOR R. C. S. DIAS E COLABORADORES

⇨ Configuração basal do grupo, que se estabelece na formação do grupo, quando cada cliente tem um vínculo com o terapeuta e este funciona como o protagonista e a base de sustentação do grupo.

♦ A fase seguinte é a de integração, que como o próprio nome diz, já começa a haver uma vinculação entre os participantes do grupo, embora o terapeuta ainda seja o protagonista.

♦ A próxima fase é a de circularização, em que os integrantes do grupo se relacionam e trocam confidências sem interferência direta do terapeuta. É a fase em que o grupo passa a ser a figura central da terapia. Momento em que não se procura uma solução fora de si, mas começa a existir um clima de revisão e de interiorização, cuja busca de soluções está dentro de si mesmo. A tribuna é a técnica de escolha para trabalhar esta fase, pois como já mencionado, ela facilita a criação de um consenso entre os participantes, criando o que Victor Dias chama de "caixa de ressonância afetiva", quando os núcleos afetivos trazidos pelo protagonista se juntam aos núcleos afetivos dos demais participantes do grupo, proporcionando um clima de continência ao aprofundamento do tema.

♦ A última fase é a hierarquização, com o aparecimento espontâneo de líderes que se revezam nesse papel, facilitando a escolha do protagonista e imprimindo ao grupo um ritmo bom de produção.

2. Terapia de casal/família

A rigor, na terapia de casal/família podemos utilizar as mesmas técnicas psicodramáticas da terapia individual, mas a técnica de escolha é a tribuna dirigida.

Essa técnica será uma grande aliada do terapeuta no sentido de evitar que se estenda para as sessões o sistema de comunicação nocivo e falido normalmente existente no cotidiano das pessoas envolvidas, e ao mesmo tempo criar a possibilidade de instalar um diálogo franco e produtivo.

3. Atos terapêuticos e grandes grupos (empresarial/social/educacional)

Por todas as características e funções já mencionadas, a tribuna se mostra uma técnica oportuna para se trabalhar com grandes grupos, independentemente se são grupos de pessoas conhecidas ou não, ou se foram agrupados por alguma característica comum.

Podemos trabalhar a técnica ou para a busca de um protagonista, ou com temas livres, ou temas específicos, por exemplo, gestantes, que por meio da tribuna compartilham suas angústias, medos, fantasias etc., relacionadas a gravidez, parto, puerpério.

Outro exemplo seria o trabalho para desenvolvimento do papel profissional com recém-formados ou *trainees* que se sentem inseguros ou despreparados diante das várias situações do início de carreira. Na tribuna, compartilham medos, angústias e propostas de como lidar com este momento.

Na área pedagógica, a tribuna é um importante instrumento para avaliação de cursos e professores.

Descrição da utilização da tribuna em uma empresa

Este trabalho foi desenvolvido com base em ação realizada na empresa em questão durante período de crise.

A demanda por uma ação coletiva veio pela solicitação de auxílio feita por gerentes de diversas áreas. Eles foram ao serviço médico da empresa em busca de ajuda para administrar grande nível de estresse manifestado espontaneamente pelos funcionários.

A empresa encontrava-se em situação de grande crise com ameaça de demissões, salários atrasados, ameaça de fusão com outra companhia. Não havia vislumbre de solução externa imediata para amenizar o estresse negativo. A dificuldade de comunicação por falta de informações adequadas até para as lideranças, gerências e chefias aumentava a sensação de impotência e fragilidade. Não se podia esperar que a chefia viesse com uma solução "milagrosa". O caminho escolhido foi auxiliar as pessoas a encontrarem dentro de si a continência para suportar seu estresse.

O universo de funcionários das áreas em questão era composto de cerca de duas mil pessoas. Pelas conversas informais com amostra de pequenos grupos de 20 funcionários, confirmaram-se as manifestações de estresse e desgaste com o processo de crise pela qual a empresa passava. Entre as várias queixas colocadas, sobressaíam a falta de liderança e a falta de comunicação adequada.

A partir daí, pensou-se em uma intervenção que pudesse auxiliar na administração dessa crise grupal.

Por estarmos no contexto profissional, e não no estritamente pessoal, não cabia proposta de terapia. Porém, é possível adaptar técnicas de psicoterapia para o contexto de trabalho, e buscar resgatar e reforçar os aspectos saudáveis e o papel profissional, em vez de focar a doença. Com isso, esperava-se que o grupo se fortalecesse.

Foi proposta a realização de reuniões semanais, cada uma com um grupo de 20 funcionários escolhidos ao acaso e diferentes em cada ocasião. Porém, essa proposta implicava demora para que todos os funcionários passassem pelo processo, e isso se constituiu um obstáculo. Para resolver este impasse, considerou-se um princípio da teoria dos sistemas, qual seja, de acordo com uma mudança na parte, promove-se mudança na dinâmica do todo.

Como método, foi escolhido o jogo da tribuna aprimorado por Victor Dias, por ser uma técnica que promove a comunicação, o

PSICOPATOLOGIA E PSICODINÂMICA NA ANÁLISE PSICODRAMÁTICA

levantar problemas, a elaboração, além de ser jogo de circulariza-ção e integração.

Além disso, ficou estabelecido que as reuniões tivessem três eta-pas, seguindo a proposta de Bermúdez dos três modelos do núcleo do Eu, a saber: Ingeridor, Defecador e Urinador. Assim, cada reu-nião contou com três tópicos: a) momento de RECEBER informa-ções; b) momento de ELABORAR o que está sendo vivenciado: c) momento de PLANEJAR ações. Esperava-se que a atenção a esses aspectos trouxesse um melhor aproveitamento.

Na primeira dessas reuniões, a chefia assumia seu papel de lide-rança e trazia notícias sobre a empresa. Na segunda, um membro da equipe médica assumia a direção para a aplicação do jogo, ajudando na elaboração do material recebido. Por fim, a chefia reassumia a direção tecendo comentários finais do que poderia ser feito com as questões levantadas na reunião, orientando resoluções dentro do que lhe era possível.

Esse trabalho foi realizado durante de um ano e meio. Os re-sultados obtidos foram satisfatórios uma vez que se observou a boa adesão à proposta, ou seja, os funcionários não necessitavam de estímulo para ocuparem a tribuna, e muitos elogiavam a ini-ciativa e agradeciam a oportunidade de serem ouvidos. Mesmo pessoas consideradas "tímidas" demonstravam satisfação em falar. Convém salientar outra vantagem do método, com relação à res-trição do tempo de exposição, que garante, sem apartes diretos, uma "democratização" das falas, desfavorecendo o surgimento de interesses pessoais, ou tendenciosidades. As falas sem interrupção fornecem elementos que acabam constituindo um consenso gru-pal em função de propiciar aos funcionários compartilhar suas dú-vidas, inseguranças, incertezas, assim como suas esperanças. Esse compartilhar, em que cada um expressa sua opinião dos fatos, permite construir uma visão mais global do que ocorre em nível grupal. Permite também a cada um, uma observação "de fora" de si mesmo representado pelo colega, e com essa distância auxilia a lidar com os aspectos emocionais, ajudando na elaboração dos fatos. A troca de experiências entre os participantes reforça o papel profissional e a união grupal; são relembradas motivações; ressalta-se a importância da função; compartilham-se as frustrações e a sensação de impotência; e a autocontinência dos participantes é aumentada.

O fato de que cada um teve sua vez de destaque, fez que experimentasse o papel de liderança, expressasse suas ideias, avaliasse a viabilidade destas e possibilitasse diminuir a carga de responsabilidade de resolver os problemas que chegam até a chefia, que habitualmente é revestida da função de resolver problemas que muitas vezes extrapolam suas funções.

Por outro lado, o verdadeiro papel do chefe, com suas limitações e possibilidades, ficou mais evidenciado. As queixas e soluções apresentadas pelo grupo ficaram mais relevantes e pertinentes, uma vez que foram "depuradas" dos aspectos mais emotivos. A comunicação para a chefia sobre os reais problemas tornou-se mais fácil, diminuindo a cobrança, pelos participantes, dos resultados imediatos de suas demandas, abrindo caminho para um aumento de confiança nas lideranças.

As chefias conquistaram mais respeito e um melhor relacionamento com os subordinados, em função de estarem mais próximos e conhecer melhor suas dificuldades. O consenso aumentou a força grupal e consequentemente suas reivindicações ficaram mais fortalecidas perante as instâncias superiores.

A chefia, que inicialmente solicitou auxílio, mostrou-se bastante satisfeita com os resultados do trabalho, referindo diminuição do estresse e aumento da motivação dos funcionários.

Descrição da utilização da tribuna em terapia de casal/família

A partir de meados do século XX, teóricos começam a avaliar o impacto dos relacionamentos na saúde mental das pessoas e vários trabalhos são desenvolvidos com famílias e casais. Terapias começam a ser oferecidas àqueles que apresentam distúrbios nessa área. Importantes centros são formados, dentre eles o *Marital Unit* e o *Family Discussion Bureau*, ambos em Londres, e o *Mental Research Institute* de Palo Alto, na Califórnia. Como seguidores ou dissidentes desses grupos, nascem em várias partes do mundo núcleos que se dedicam ao trabalho com famílias e/ou casais com dificuldades de relacionamento.

Hoje, as abordagens são variadas e profissionais trabalham apenas com sessões conjuntas ou mescladas com sessões individuais, em processos com um número pré-estipulado de sessões ou não, com a presença de um ou mais terapeutas. Isso varia de acordo com a abordagem que o profissional segue, assim como seu estilo pessoal de atendimento. O referencial teórico que embasa esse trabalho é o da Análise Psicodramática, desenvolvido por Victor Dias.

Para a Análise Psicodramática, a relação é o nosso cliente, e o conflito existente naquela relação é que será o foco do nosso trabalho. O *setting* terapêutico é privilegiado porque possui um interlocutor isento que garante a palavra para ambas as partes, e intervém no sentido de fazer os esclarecimentos necessários para que as pessoas entendam qual a dinâmica existente na relação, ou seja, como este casal ou esta família funciona e que fatores estão gerando conflitos.

Sabemos que a terapia de casal/familiar nem sempre é a terapia de escolha, pois muitos conflitos de relacionamento esbarram em impedimentos internos que são objeto de trabalho da terapia individual. Porém, na prática clínica, observa-se uma melhora sensível no cotidiano das pessoas em questão pela oportunidade que têm do face a face e de um esvaziamento do "copo das emoções" e sentimentos mal elaborados, e uma melhora sensível na qualidade do diálogo, consequentemente da convivência.

A psicoterapia não é, por si só, solução para todos os males dos relacionamentos, mas precisa do comprometimento das pessoas envolvidas com as mudanças necessárias, a disponibilidade para negociar em algumas situações e ceder ou aceitar em outras, assim como marcar posição quando uma questão for essencial para uma das partes. Mas para isso acontecer, o terapeuta deve instalar um clima terapêutico continente, que facilite a tarefa do desnudar-se perante o outro que em maior ou menor grau acontece nas terapias de casal/família.

Instalando a tribuna

Com determinadas famílias ou casais, podemos realizar parte da primeira sessão por meio de uma conversação normal, com o intuito de observar qual o padrão usual de diálogo, mas com outras isso logo se torna impossível, pois o caos se instala. Felizmente temos a tribuna para restabelecer uma comunicação eficiente. A consigna é a seguinte: *A partir de agora vamos trabalhar com vocês utilizando uma técnica chamada tribuna – só fala comigo quem estiver sentado na tribuna (apontando para uma poltrona vazia), e quem estiver sentado na tribuna fala comigo como se o(s) outro(s) não estivesse(m) na sala". Vale salientar que somente o terapeuta pode interromper e questionar quem estiver na tribuna.*

Em geral, as pessoas vêm com uma carga emocional muito forte para as primeiras sessões, com uma confusão de sentimentos, e normalmente com uma proposta clara: para as coisas melhorarem, o outro é que deve ceder, o que desencadeia uma grande polêmica e um jogo de queixas e acusações. Podemos dizer que este primeiro momento é de "lavar a roupa suja", tirar o que ao longo do tempo foi sendo "jogado para debaixo do tapete", e a tribuna é a técnica de escolha porque ela organiza e impõe uma disciplina de forma que todos falam e todos são ouvidos.

Depois que o "copo" das emoções já esvaziou pelo menos um pouco, abre-se um espaço maior para a reflexão, e já é possível estar mais atento à fala do outro. Este segundo momento se torna mais reflexivo. Algumas resistências são quebradas, já é possível fazer um mea-culpa, admitir fraquezas, reconhecer erros do passado, compartilhar emoções.

Já dissemos que a tribuna é uma técnica democrática em que todos têm direitos iguais de expressão. São frequentes os comentários preocupados como: "Estou falando tudo isso, mas não sei o que vai acontecer quando sairmos daqui". Também é comum observar silêncios reticentes, receosos, ou entre olhares dentro da sessão, como se estivessem perguntando: "O que você está achando do que estou falando?" "Posso continuar falando sobre isso?"

Denúncias feitas por qualquer participante, ameaças explícitas ou veladas, observadas pelo terapeuta ao longo da sessão, são trabalhadas, e acordos são feitos com o intuito de assegurar espontaneidade e liberdade de expressão a todos, com o objetivo de garantir o desenvolvimento de um diálogo franco e produtivo.

O terapeuta também vai assegurar a equivalência de tempo para cada um, não permitindo que uma das partes seja favorecida por diferenças individuais. Frequentemente, um dos participantes tem uma oratória mais eloquente e desembaraçada, o que em uma discussão doméstica lhe dá vantagens, chegando até a intimidar o outro. Observa-se depoimentos como: "Ele me enrola com teorias e explicações e acabo achando que estou errada, no fundo sinto que não é isso, mas não sei por que fico sem argumentos".

A tribuna minimiza consideravelmente essas e outras diferenças individuais. Além disso, garante que a sessão fique sob o comando do terapeuta, que será o guardião da regra essencial que é: *só fala quem estiver sentado na tribuna e só o terapeuta pode falar com quem está na tribuna.* É necessário manter pulso firme para que esse quesito seja cumprido, e quanto mais a parte psiquiátrica for comprometida, mais dificuldades o paciente terá para conter a ansiedade dentro de si e aguardar a hora de falar. Nesses casos, pode-se fazer as tribunas com um tempo de fala mais curto para cada um e lentamente ir aumentando esse tempo. Também deve-se dizer que se quiserem podem escrever enquanto o outro fala, porque o medo de esquecer o que está sendo falado aumenta a ansiedade.

Muitas vezes temos a negativa de uma das partes para tomar sua vez na tribuna e o terapeuta não pode ser conivente com essa situação.

Um exemplo: Marina, 15 anos, apresentava uma dificuldade grande de se expressar na terapia realizada com seus pais e dois irmãos. Sempre ressabiada, escolhendo as palavras, em uma de suas passadas pela tribuna disse que não tinha nada para falar. Foi introduzida a seguinte instrução: "não tem problema, sente-se na tribuna e não se incomode com o silêncio, vá sentindo seu corpo, perceba que sentimentos, pensamentos vão surgindo e vá falando em voz alta para que eu possa acompanhar o que está acontecendo com você". Marina percebeu que dizer que não tinha nada para falar não a livraria da tribuna e a consigna de observar seu corpo fez que ela se voltasse mais para dentro de si, percebendo mais seus sentimentos, o que aliviou o excesso de preocupação com o impacto que suas palavras poderiam ter sobre os demais familiares.

A Tribuna Dirigida assegura ao terapeuta o gerenciamento da pauta da sessão. Uma das funções do terapeuta é evitar que perguntas importantes caiam no vazio e fiquem sem resposta, repetindo uma dinâmica do cotidiano, como podemos observar nos exemplos a seguir:

"Ele me deixa falando sozinha; sinto-me desrespeitada."

"Ela simplesmente não me responde e nossa conversa sempre se transforma em um monólogo."

"Quando falo sobre a relação, falo com as paredes."

"Meu pai não está nem aí para o que eu falo ou sinto."

"Meus pais acham que eu sou um babaca, e nada do que falo é levado a sério."

"Nossas conversas sempre se transformam em discussões agressivas e infrutíferas."

Estas são colocações frequentes feitas por pessoas que sentem que o que dizem não faz sentido para o outro, pessoas que não se sentem ouvidas.

O manejo aqui é questionar aquele que está na tribuna sobre as queixas, denúncias que foram apresentadas pelo outro, a fim de não permitir perguntas, acusações ou propostas sem resposta, porque a tendência é sentar na tribuna e focar nos assuntos de interesse próprio.

Outro exemplo: Jéssica relata que tem uma mágoa muito grande do tempo em que estava grávida porque durante esse período João não se interessava por ela, não a procurava sexualmente e sistematicamente a rejeitava, embora em algumas ocasiões tenha até implorado para ele transar com ela. Nunca ouviu uma explicação sequer para esse comportamento do marido. Quando João sentou-se na tribuna fez várias colocações sem abordar o assunto da gravidez. Falou sobre o tema só depois de questionado diretamente pelo terapeuta.

A tribuna funciona como um espelho que retira, uma vez que, estando na tribuna, uma das partes repete o discurso do outro ou descreve o comportamento do outro enquanto o outro está na posição de observador. Percebe-se que muitas vezes o impacto é ainda maior do que aquele visto na terapia individual, porque aqui o terapeuta funciona como uma testemunha. Portanto, além de a pessoa estar se vendo de fora, ela ainda tem um outro observador que é o terapeuta.

Exemplo: Frederico se queixava dos elevados custos que tinha em casa, de gastos que achava desnecessários, e passou a narrar várias situações, dentre elas o fato de que sua filha de seis meses tinha 33 pares de sapato. Ao ouvir o relato, Ana mostrou-se surpresa, incomodada e mesmo assustada, como se aquela denúncia naquele momento a fizesse questionar seu comportamento e concluir que de alguma forma a queixa de seu marido fazia sentido, ele não estava falando algo que pudesse ser ignorado, até porque ali havia uma testemunha para registrar e questionar o fato. Ao ser questionada pelo terapeuta, Ana ficou sem argumentação.

A Tribuna vai se estabelecendo como um modelo de comunicação a ser instalado. As pessoas vão se dando conta que conseguem sim um padrão de comunicação diferente daquele estabelecido até então e que não precisam ficar reféns do caos cotidiano existente, recheado de intermináveis e repetitivas cenas de queixas e acusações que sequer são mais ouvidas e muito menos provocam alguma diferença, a não ser um desgaste ainda maior da relação. Para outros, a comunicação é praticamente nula, as pessoas são distantes e a justificativa normalmente é:

"Não vou falar nada para não piorar as coisas".

"Não adianta mesmo falar, porque vou me estressar".

Esta é uma saída que até pode ser cômoda, mas é muito nociva ao relacionamento porque aquilo que não é dito de alguma forma fica represado (engasgado) e o resultado é uma perda de intimidade e um distanciamento entre as pessoas em questão. Aliás, esta é uma concepção errônea que devemos trabalhar com nossos clientes: de que falar sobre sentimentos ou entrar em confronto é algo que deve ser evitado porque piora a situação.

Exemplo: Júlia expõe que a última sessão havia sido muito difícil para ambos, que ela havia dito coisas que Antônio não esperava ouvir e estava se sentindo culpada, e que não falaram sobre isso ao longo da semana, mas que tinham passado bons momentos juntos. O conteúdo da sessão anterior foi resgatado e por meio da tribuna cada um foi expondo seu ponto de vista, seus sentimentos, iniciando o restabelecimento de uma linha de comunicação interrompida pela crise que estavam passando.

Como foi dito anteriormente, a tribuna funciona como cena de descarga, porque quem está na tribuna está se dirigindo ao terapeuta, mas o verdadeiro destinatário do conteúdo, do que está sendo dito, é o outro sentado na poltrona ao lado. Ele é o principal envolvido em todas aquelas queixas, acusações ou o receptáculo dos mais diversos sentimentos, pensamentos, percepções. Aqui se nota o efeito de descarga das tensões contidas. À medida que transcorre a sessão vão ocorrendo o compartilhar de emoções, sentimentos, opiniões, o *sharing.*

Exemplo: Márcio e Solange estavam em uma crise conjugal desencadeada por uma traição, e Solange insistia que não queria mais pagar pelo ônus de aguentar as cenas de ciúmes e desconfiança de Márcio. Após uma sessão tumultuada, Solange, na tribuna, diz que entendia o sentimento do marido, que já havia sido preterida no passado e sabia quão doloroso era esse sentimento. Márcio, por sua vez, colocou que nem ele se aguentava mais falando sobre aquela situação e se lembrava da chatice das demonstrações de ciúmes de sua mãe com relação ao pai.

Para Moreno, a relação interpessoal pressupõe "uma dupla relação na qual permite-se, aos parceiros, atuarem igualmente um ao outro com plena espontaneidade", ou seja, de livre e espontânea vontade. Um dos aspectos mais importantes dessa relação de mão dupla é justamente o diálogo franco e produtivo.

Para a Análise Psicodramática, por meio da convivência as relações passam por um processo de desgaste natural em função das decepções, desencantos, expectativas não correspondidas e que quando não devidamente trabalhadas trazem consequências como hostilidade, indiferença, afastamento.

A terapia é um importante instrumento que felizmente hoje está disponível aos casais e famílias que desejam resolver seus conflitos, aparar suas arestas, falar sobre suas decepções e desencantos e, principalmente, uma oportunidade ímpar para instalar um diálogo, viabilizando uma relação de confiança, cumplicidade e intimidade.

A Análise Psicodramática introduz a ideia do diálogo franco e produtivo. Franco porque precisa vir à tona todos esses desencantos, decepções, expectativas não correspondidas entre as pessoas envolvidas, assim como o reconhecimento de queixas, o mea-culpa por determinadas situações do passado que causaram sentimentos diversos no outro. Produtivo porque o diálogo deve trazer mudanças. Muitos clientes comentam "nós conversamos bastante" e a pergunta é "e o que muda depois dessas conversas?", "nada". Então algo está errado. Depois de uma conversa, algo deve mudar: alguém vai ceder, ou aceitar alguma condição ou ainda acordos são realizados entre os envolvidos, mas a partir disso a relação deve estar diferente de uma forma que contemple necessidades de ambas as partes, viabilizando uma relação de confiança, cumplicidade e intimidade.

Victor Dias (2000, p. 67) coloca que "na medida em que o casal consegue estabelecer um diálogo franco e sincero sobre as suas decepções e admitir seus lados menos nobres e até mesmo neuróticos, essa fase de desilusão vai sendo elaborada e surge um clima de intimidade e confiança na relação".

Observamos, então, que na terapia com casais/famílias, uma parte do processo consiste de desabafos, queixas e denúncias. A outra parte é trabalhar e elaborar todo esse material. Como foi descrito anteriormente, a tribuna envolve outras técnicas que favorecem esse processo de comunicação, expressão e elaboração.

"Além de ouvir, a Tribuna obriga a Digerir."

Depoimento de uma paciente

REFERÊNCIAS BIBLIOGRÁFICAS

ABDO, C. H. N. *Armadilhas da comunicação.* São Paulo: Lemos, 1996.

ANDOLFI, M.; ANGELO, C.; SACCU, C. *O casal em crise.* São Paulo: Summus, 1995.

BUSTOS, D. M. Que é psicoterapia psicodramática? *Revista da Sociedade de Psicodrama de São Paulo.* Ano II, dez/77-jun/78, n. 2., 1978.

_____. *Perigo... Amor à vista!* - Drama e psicodrama de casais. São Paulo: Aleph, 1990.

CAILLÈ, P. *Um e um são três* – O casal se auto revela. São Paulo: Summus, 1994.

CALIL, V. *Terapia familiar e de casal.* São Paulo, Summus, 1987.

CUKIER, R. *Psicodrama bipessoal:* sua técnica, seu terapeuta e seu paciente. São Paulo: Ágora, 1992.

DIAS, V. R. C. S. *Psicodrama:* teoria e prática. São Paulo: Ágora, 1987.

_____. *Análise psicodramática e teoria da programação cenestésica.* São Paulo: Ágora, 1994.

_____. *Vínculo conjugal na análise psicodramática.* São Paulo: Ágora, 2000.

_____. *Psicopatologia e psicodinâmica na análise psicodramática.* São Paulo: Ágora, 2006.

_____ ; ARAÚJO SILVA, V. v. 2. São Paulo: Ágora, 2008.

ELKAÏN, M. *Se você me ama, não me ame.* Campinas: Papiros, 1989.

HUIZINGA, J. *Homo ludens.* São Paulo: Perspectiva, 1999.

MINUCHIN, S.; FISHMAN, H. C. Técnicas de terapia familiar. Porto Alegre, Artes Médicas, 1990.

MORENO, J. L. *Fundamentos de psicodrama.* São Paulo: Summus, 1983.

VICTOR R. C. S. DIAS E COLABORADORES

_____. *Psicodrama*. São Paulo: Cultrix, 1975.

_____. *Psicoterapia de Grupo e Psicodrama*. São Paulo, Mestre Jou, 1974.

_____. *O teatro da espontaneidade*. São Paulo, Summus, 1984.

MONTEIRO, R. F. *Jogos dramáticos*. São Paulo, Ágora, 1994.

OLIVEIRA, M. C. Publicação (apostila) da Autora no curso de Jogos Dramáticos. São Paulo, 2000.

ROJAS-BERMÚDEZ, J. G. *Introdução ao psicodrama*. São Paulo, Mestre Jou, 1970.

_____. *Núcleo do eu*. São Paulo: Natura, 1978.

SEIXAS, M. R. D'A. *Sociodrama familiar sistêmico*. São Paulo, Aleph, 1992.

SATIR, V. *Terapia do grupo familiar*. Rio de Janeiro: F. Alves, 1993.

WATZLAWICK, P.; BEAVIN, J.H.; JACKSON, D. D. *Pragmática da comunicação humana*. São Paulo: Cultrix, 1977.

8. Resumos da análise psicodramática

VICTOR R. C. S. DIAS

A ideia deste capítulo é resumir alguns dos principais temas da Análise Psicodramática, no intuito de facilitar uma consulta rápida do leitor.

Resumo I – Neste quadro apresentamos um resumo da psicopatologia e da psicodinâmica das patologias: do Ingeridor, do Defecador, do Urinador, do Esquizoide, do Narcisismo, do Borderline e do Esquizofrênico.

Quadro Psicológico	Patologia Estrutural	Patologia Psicológica Conceito de Identidade	Angústia Patológica	Objetivo Psicoterápico
Patologia do Ingeridor	- Má-formação do modelo de Ingeridor e má-delimitação das áreas corpo e ambiente. - Zona de PCI no modelo de ingeridor. - Sensação basal de nunca se sentir satisfeito. - Bloqueio no modelo de incorporação satisfação/ insatisfação de conteúdos externos para o mundo interno.	- Postura de que o outro/o mundo lhe deve algo. - Vitimizado e revoltado por não ter recebido adequadamente. - Função delgada: o outro é responsável por cuidar e proteger os seus interesses. - Discurso: Centrado no outro. - Proposta: Desejo de mudança, mas não se esforça para isso. - Quer que venha do outro. - Vê o objeto BOM no outro e o objeto MAU em si mesmo (conversivo). - Vê o objeto BOM e o MAU nos outros (fóbico).	- Assumir a responsabilidade de cuidar e proteger os próprios interesses. - Sentir entrar em contato com seus sentimentos. - Receber, deixar entrar conteúdos do mundo externo.	- Reformular o conceito de identidade de que é um eterno credor do mundo e do outro. - Assumir a responsabilidade de cuidar e proteger os próprios interesses. - Identificar o objeto BOM dentro dele e o objeto MAU nos outros.
Patologia do Defecador	- Má-formação do modelo de defecador e má-delimitação das áreas mente e ambiente. - Sensação basal de nunca se sentir plenamente aliviado. - Bloqueio no modelo de criar e elaborar (entrar em contato) e expressar e comunicar (pôr para fora) os conteúdos internos para o mundo externo.	- Postura que o mundo não lhe dá condições para se expandir. - O outro/mundo é intolerante e crítico para com ele. - Função delegada, o outro é responsável por julgá-lo ou avaliar suas próprias atitudes. - Discurso centrado no ambiente. - Discurso em manchete – Tema carrasco/ vítima. - Proposta – Que o outro mude para endendê--lo e aceitá-lo. - Vê o objeto BOM nele e o MAU nos outros.	- Assumir a responsabilidade do autojulgamento de autoavaliação. - Entrar em contato com conteúdos internos. - Expressar e comunicar os conteúdos internos.	- Reformular o conceito de identidade no sentido que não é o mundo que o impede e restringe e sim as próprias atitudes. - Assumir a responsabilidade do autojulgamento e da autoavaliação das próprias atitudes. - Identificar o objeto MAU em si mesmo e o BOM nos outros.

PSICOPATOLOGIA E PSICODINÂMICA NA ANÁLISE PSICODRAMÁTICA

Quadro Psicológico	Patologia Estrutural	Patologia Psicológica / Conceito de Identidade	Angústia Patológica	Objetivo Psicoterápico
Patologia do Urinador	- Má-formação do modelo de urinador e má-delimitação das áreas mente e corpo. - Sensação basal de nunca sentir totalmente a sensação de prazer. - Bloqueio no modelo de fantasiar, devanear, planejar, controlar, decidir e executar ações no ambiente externo que satisfaçam os desejos ou necessidades internas.	- Postura de coitado e que carrega o "mundo nas costas". - Se compara o tempo todo com os outros. - Função delegada: o outro é responsável por orientar e decidir sobre suas condutas e objetivos de vida. - Proposta: melhorar para chegar à perfeição. - Tanto o objeto BOM como o objeto MAU estão nele.	- Impor e exercer suas vontades no mundo. - Criar seus próprios objetivos. - Fazer reflexões sobre as consequências das próprias ações (no modelo uretral). - Decidir e executar as ações desejadas (no modelo vesical).	- Reformular o conceito de identidade de "Não ser o centro do mundo". - Assumir a responsabilidade de se autoorientar. - Identificar o objeto MAU e o objeto BOM nos outros.
Patologia do Esquizoide	- Presença em todo desenvolvimento cenestésico da sensação de não acolhimento incorporada na fase intrauterino - Cisão do eu. - Dificuldade de tomar posse da própria vida.	- Eu observador (com a sensação de não pertencer) e EU operativo (ingeridor, defecador ou urinador). - Se relacionar conforme os modelos e sempre com a sensação de que não tem os mesmos direitos que os outros.	- Ser visto e ser identificado com suas angústias conforme o modelo mais comprometido. - Acreditar que pertence ao mundo. - Medo dos outros (ser destruído).	- Fundir o EU observador com o eu operativo e ficar inteiro nas relações. - Não mais obedecer a sensação de "não pertencer".
Patologia Narcísica	- Má-formação da área ambiente. - Divórcio entre a percepção do mundo interno e do mundo externo.	- Divórcio entre a autopercepção e a percepção externa. - Não consegue aceitar o NÃO externo. - Briga com o mundo do "como é" em relação ao "como deveria ser".	- Se submeter ao NÃO externo. - Se conformar em não ser especial. - Aceita ser "comum".	- Aceita o mundo do "como é" e não o mundo "como deveria ser".

Quadro Psicológico	Patologia Estrutural	Patologia Psicológica Conceito de Identidade	Angústia Patológica	Objetivo Psicoterápico
Patologia do Borderlaine	- Incorporação da figura internalizada em bloco no final da fase do desenvolvimento cenestésico.	- Conceito de identidade conflitante entre o conceito do próprio indivíduo e o conceito da figura internalizada em bloco. - Características psicológicas do indivíduo e da figura estão misturadas. - Funcionamento de duplo comando. - Referência do verdadeiro eu e referência da FIB. - Desorganização do conceito de identidade.	- Ligada ao duplo comando. - Passa a não ter uma referência única. - Angústia ligada ao modelo mais comprometido.	- Identificar e deletar o conceito de identidade da figura internalizada em bloco. - Reforçar e acatar o conceito de identidade do verdadeiro eu.
Patologia do Esquizofrênico	- Patologia do POD. - Indivíduo submetido à relação de duplo vínculo. - Incorporação no POD, do conceito de eu adquirido dado pela relação de desconfirmação.	- Conceito de identidade ambivalente. - O eu verdadeiro e o eu adquirido ficam sem identificação interna. - Desorganização das referências internas. - "Somente são referências se não forem referências".	- Angústia contamina todos os modelos. - Voltar-se para dentro do seu próprio mundo interno e encontrar o conceito de identidade ambivalente.	- Descriminar o conceito que veio de fora e acreditar no conceito do verdadeiro eu. - Ter como referência fidedigna as sensações e não as explicações.

Resumo II – Neste quadro apresentamos a psicodinâmica das divisões internas encontradas na análise psicodramática: Divisão Interna Neurótica, Corporificada, Pactuada, Esquizoide (Cisão), Bordeline (Figura Internalizada em Bloco) e Esquizofrênica.

Divisão Interna	Composição Psíquica	Objetivo Psicoterápico	Estratégia Psicoterápica	Técnicas	Alteração Final
Neurótica	POD X Material de 2ª Zona → FMI X Verdadeiro Eu → Conceito de Parte do identidade X verdadeiro (vigente) Eu (excluída)	- Identificar, resgatar e interligar a parte do verdadeiro Eu excluída na 2ª zona de exclusão.	- Identificação e enfrentamento da Figura de Mundo Interno.	- Inversão de papel. - Espelho desdobrado. - Cenas de descarga.	- O conceito de identidade torna-se mais próximo do verdadeiro Eu.
Neurótica Corporificada	Censura X ato compulsivo Censura X figura permissiva Verdadeiro X FMI Eu ou FMI	- Identificar a figura permissiva encoberta pelo ato compulsivo. - Trabalhar o conflito entre a figura permissiva e a censura.	- Identificação e enfrentamento da Figura de Mundo Interno.	- Cena da dinâmica compulsiva.	- Desmontar a dinâmica compulsiva e o trabalho da divisão interna.

Victor R. C. S. Dias e Colaboradores

Divisão Interna	Composição Psíquica	Objetivo Psicoterápico	Estratégia Psicoterápica	Técnicas	Alteração Final
Neurótica Compactuada	- Acordo e ausência de conflito entre: Assassino X vítima ↓ Verdadeiro X Verdadeiro Eu ou FMI Eu ou FMI	- Refazer o conflito encoberto entre assassino e vítima.	- Identificação e enfrentamento da Figura de Mundo Interno.	- Interpolação de resistência para refazer o conflito.	- Desmontar o "gatilho" suicida e trabalhar a divisão interna acusador X acusado.
Esquizoide	- Cisão do Eu em Eu observador e Eu operativo.	- Integrar o Eu observador e o Eu operativo.	- Clareamento da sensação basal de não pertencer. - Teste da experiência de pertencer.	- Aliança mental para desobedecer ao alerta de não pertencer. - Espelho que retira. - Espelho desdobrado.	Assumir o direito de poder pertencer e reformular o conceito de identidade.

Divisão Interna	Composição Psíquica	Objetivo Psicoterápico	Estratégia Psicoterápica	Técnicas	Alteração Final
Borderline	- Conceito de identidade conflitante (duplo comando). - CI do indivíduo X CI da FIB.	- Identificar e deletar o CI da Figura Internalizada em Bloco.	- Clareamento e nomeação da Figura Internalizada em Bloco de acordo com sua função (conselheira, envenenadora, cobradora etc.). - Trabalho do conflito entre o Conceito de Identidade do indivíduo e do Conceito de Identidade da Figura Internalizada em Bloco.	- Espelho desdobrado.	- Assumir o próprio Conceito de Identidade e deletar o Conceito de Identidde da Figura Internalizada em Bloco.
Esquizofrênico	- Conceito de identidade excludente (comando ambivalente).	- Valorizar as sensações (verdadeiro Eu). - Formar seu próprio conceito de identidade.	- Trabalho do conflito entre o Eu interior (verdadeiro) e o Eu ambivalente (veio de fora: vozes, diabo, Deus, complô etc.).	- Espelho que retira. - Espelho desdobrado.	- Formar a base do próprio conceito de identidade a partir das sensações.

Resumo III – Neste quadro apresentamos os mecanismos de defesas encontrados na análise psicodramática: Distúrbios Funcionais, Defesas Conscientes, Defesas de Somatização, Defesas Projetivas, Defesas Intrapsíquicas Neuróticas, Defesas Intrapsíquicas Esquizoides, Defesas Intrapsíquicas Psicóticas e Defesas Dissociativas.

Mecanismo de Defesa	Caracterização	Relação com o Conflito	Angústia Patológica	Estratégia Terapêutica
Distúrbio Funcional	- Utiliza o papel psicossomático no lugar do modelo psicológico. - Ações por intenções encobertas (vicariância).	- Descarrega o conflito de forma inadequada, sem tomar consciência; Não somático; Sim somático.	- É descarregada, permanecendo apenas a angústia circunstancial pela inadequação.	- Decodificar a mensagem psicológica embutida no Não somático e no Sim somático. - Identificar a intenção encoberta.
Defesas Conscientes	- Evitação deliberada. - Evitação consciente. - Racionalizações e justificativas. - Emoções reativas.	- Evitação dos temas que podem levar à consciência do conflito.	- Evitada.	- Usar técnicas de questionamento para abrir o tema evitado.
Defesas de Somatização	- Causam os sintomas e eles desaparecem quando o conflito volta para o psíquico. - Desencadeiam crises das doenças autoimunes. - Aumentam a frequência e a intensidade das crises. - Agravam crises de doenças preexistentes.	- O conflito é descarregado no órgão, causando os sintomas; o órgão "sofre".	- é substituída por dor, coceira, mal-estar, cólicas etc.	- Identificar o conflito somatizado e trazê-lo para a esfera psíquica.

Mecanismo de Defesa	Caracterização	Relação com o Conflito	Angústia Patológica	Estratégia Terapêutica
Defesas Projetivas	- Divisão interna externalizada para material de 2ª zona de exclusão. - Vínculo compensatório para material de 1ª zona de exclusão.	- Transforma o "outro" como corresponsável pelo conflito. - Não assume a responsabilidade pelo conflito.	- Fica na relação com o "outro".	- Internalizar o conflito projetado. - Espelho que reflete e espelho com e questionamento.
Defesas Intrapsíquicas Neuróticas	- Aparecem automaticamente, sem controle da consciência. - Tipos: • Histérica • Conversiva • Fóbica • Contrafóbica • Psicopática • Atuações • Ideias depressivas • Ideias obsessivas • Rituais compulsivos	- Desvia a atenção do conflito. - Impede a conscientização do material excluído da 2ª zona de exclusão.	- Internalizada, mas vinculada aos sintomas da defesa.	- Espelho que retira. - Espelho físico na defesa histérica.
Defesas Intrapsíquicas Esquizoides	- Petrificação/Coisificação. - Robotização. - Esquema de personagens.	- Impede o contato fusional do esquizoide. - Faz com que o Eu observador permaneça separado do Eu operativo.	- Internalizada, mas não mobilizada graças à defesa.	- Espelho que retira.

Mecanismo de Defesa	Caracterização	Relação com o Conflito	Angústia Patológica	Estratégia Terapêutica
Defesas Intrapsíquicas Psicóticas	- Catatonia. - Hebefrenia. - Paranoia.	- Impede o contato total com o conceito de identidade excludente.	- Internalizada e vinculada com a defesa.	Espelho que retira.
Defesas Dissociativas	- Ingeridores: Mente X corpo/ambiente. - Defecadores: Corpo X mente/ambiente. - Urinadores: Ambiente X mente/corpo.	- Desconexão entre a parte sadia e a parte conflitada.	- Angústia flutuante e desconectada.	- Associar a parte desconectada. - Espelho que retira seguido de cenas de descarga.

PSICOPATOLOGIA E PSICODINÂMICA NA ANÁLISE PSICODRAMÁTICA

Resumo IV – Neste quadro apresentamos as oito variedades da técnica de espelho, formuladas e utilizadas na análise psicodramática: Espelho que Retira, Espelho Físico, Espelho com Cena de Descarga, Espelho com Duplo, Espelho Desdobrado, Espelho que Reflete, Espelho com Questionamento e Espelho com Maximização.

Oito Variações da Técnica de Espelho

Técnica: Caracterização e Manejo Técnico	Consigna Sugerida (operação)	Indicação		Objetivo (efeito esperado)
		Manifestação Apresentada pelo Paciente	Fases da Psicoterapia e da Pesquisa Intrapsíquica	
Espelho que retira: Repetição da fala do paciente, privilegiando o conteúdo.	"Vou continuar a nossa conversa utilizando uma técnica de entrevista chamada de espelho. É uma técnica simples em que vou repetir, mais ou menos, as coisas que você falou, mas como se eu fosse você, e o terapeuta vai ser aquela almofada. Enquanto eu estiver falando, evite me interromper, mas solte sua cabeça e deixe que surjam associações, lembranças, sentimentos ou qualquer coisa que apareça, e depois me conte. Nas primeiras vezes que se usa essa técnica, às vezes dá um branco e não vem nada. Se isso ocorrer, não se preocupe porque depois começa a vir."	- Existência de defesa intrapsíquica no *setting*. - Como técnica de pesquisa (anamnese).	- *Fase 1:* angústia. - *Fase 2:* situação de vida não resolvida. - Questionamento do material justificado. - Divisões internas.	- Diminuir a mobilização da defesa pela aceitação do material excluído. - Elaborar os conteúdos surgidos.

199

Técnica: Caracterização e manejo técnico	Consigna Sugerida (operação)	Indicação		Objetivo (efeito esperado)
		Manifestação Apresentada pelo Paciente	Fases da Psicoterapia e da Pesquisa Intrapsíquica	
Espelho físico: Evidenciar aspectos emocionais que aparecem no corpo, nas atitudes e no comportamento	Vou novamente utilizar a técnica de espelho, acrescentada de alguns aspectos que acho importantes para você se avaliar. Vou imitar um pouco a sua gagueira. [Ou vou imitar o intenso balanço de perna quando você fala. Ou vou imitar o seu jeito dramático de se expressar (no caso da defesa histérica). Ou vou imitar o seu tique ou seu olhar quando fala.]	- Angústia patológica mobilizada e contida no corpo (tiques, maneirismos, gagueira etc.), no comportamento e nas atitudes; - Defesa histérica.	- *Todas*, em especial na concretização do conflito e no questionamento do material justificado.	- Ampliação da percepção de si mesmo e questionamento da origem emocional das manifestações corporais, de condutas e de comportamento.

Técnica: Caracterização e manejo técnico	Consigna Sugerida (operação)	Indicação		Objetivo (efeito esperado)
		Manifestação Apresentada pelo Paciente	Fases da Psicoterapia e da Pesquisa Intrapsíquica	
Espelho com cena de descarga: Repetição das queixas, presentes no *setting*, relacionadas a alguém.	"Estou percebendo que você teria muito a dizer para o seu irmão (por exemplo). Então, vamos fazer de conta que ele está aqui e eu quero que você vá dizendo para ele tudo o que você estava dizendo para mim. Como aqui é só uma dramatização, não é o seu irmão de verdade, fique livre para dizer tudo que sentir vontade, tudo que vier à cabeça." Diante de recusa ou dificuldade do paciente: "Como está difícil de falar, vou fazê-lo por você com base no conteúdo que você já trouxe. Veja o que chama sua atenção e depois que eu terminar você me conta."	- Presença de sentimentos, pensamentos e percepções queixosas do paciente a respeito de alguém em especial, o qual pode ou não tratar-se de FMI.	- *Todas*, em especial, quando há superaquecimento (angústia excessivamente mobilizada).	- Aliviar as tensões geradas pela angústia patológica mobilizada e internalizada. - Auxiliar na identificação da SVNR e na caracterização do conflito. - Evidenciar as contradições entre discurso e atitude, acelerando o questionamento das justificativas e do conceito de identidade. - Viabilizar o confronto com partes de FMI e sua remoção do CI. - Perder ilusões e assumir a função delegada.

Técnica: Caracterização e manejo técnico	Consigna Sugerida (operação)	Indicação		Objetivo (efeito esperado)
		Manifestação Apresentada pelo Paciente	Fases da Psicoterapia e da Pesquisa Intrapsíquica	
Espelho com duplo: Repetição da fala do paciente acrescentando-se os conteúdos latentes (sentimentos, percepções e pensamentos subentendidos ou sugeridos).	Vou trabalhar com Espelho, porém, acrescentarei algumas coisas que você não disse ou apenas sugeriu. Veja se faz algum sentido para você. Se não fizer, apenas despreze.	- Presença de conteúdos latentes não assumidos pelo paciente, mas percebidos ou sentidos pelo terapeuta (defesas de emoções reativas ou com surgimento das FMI).	- Todas, especialmente na Fase das Divisões Internas.	- Conscientização da existência de conteúdos que não estavam incluídos em seu conceito de identidade; - Identificação de tais conteúdos como pertencentes ao seu verdadeiro Eu ou a alguma FMI; - Diferenciar-se da FMI.
Espelho desdobrado: Identificada uma divisão interna, espelhar os dois lados do cliente, marcando os lados com movimentos de cabeça, objetos da sala ou mudança do tom de voz.	Uma vez feito o clareamento da divisão interna: "Vou trabalhar com a técnica do espelho, mas vou dar destaque a esses dois lados que estamos identificando. Veja o que lhe ocorre e se por acaso algum deles lhe lembra alguém."	- Ocorrência de dois ou mais argumentos diferentes no discurso do cliente.	- Divisão interna neurótica. - Figura internalizada em bloco. - Núcleo esquizoide. - Esquizofrênico.	- Evidenciar as divisões internas do cliente. - Distinguir entre o próprio Eu e os conteúdos internalizados. - Separar entre o CI próprio e o da FIB. - Diminuir do medo de estar no *setting* com o Eu observador e com o Eu operativo. - Aumentar a confiança no próprio CI, diferenciando dos Eus mutuamente excludentes.

Técnica: Caracterização e Manejo Técnico	Consigna Sugerida (operação)	Indicação		Objetivo (efeito esperado)
		Manifestação Apresentada pelo Paciente	Fases da Psicoterapia e da Pesquisa Intrapsíquica	
Espelho que reflete: Único tipo de espelho que é dramatizado também pelo paciente. Dramatização de uma conversa do cliente com ele mesmo, como se tivesse diante de um espelho conversando consigo próprio. A cada problema ou argumento apresentado pelo cliente, este troca de papel com o seu outro Eu do espelho (ego-auxiliar ou o próprio terapeuta), para responder à questão.	São colocadas duas cadeiras no contexto dramático. Quando o cliente está na cadeira A, ele expõe seu impasse para o ego/terapeuta/almofada que ocupa a cadeira B. Em seguida o cliente ocupa a cadeira B, ouve a repetição do impasse dito anteriormente (recitado pelo ego ou terapeuta), e tenta dar (para si mesmo) algum tipo de orientação.	- Divisão interna externalizada no *setting*. - Vínculo compensatório no *setting*.	- Fase das divisões internas.	- Que o cliente proponha uma saída para seu impasse. - Que o cliente assuma a função delegada. - Promover o retorno da angústia para o cliente, para que a divisão interna externalizada no terapeuta passe a ser uma divisão interna internalizada no cliente.
Espelho com questionamento: Nesse caso, a dramatização toda é feita pelo terapeuta, que espelha o impasse apresentado pelo cliente, acrescentando a interpolação de resistência.	"Vamos trabalhar com a técnica do espelho, mas, quando eu te espelhar vou terminar a fala com uma pergunta. Tente respondê-la o melhor que você puder."			

Técnica: Caracterização e Manejo Técnico	Consigna Sugerida (operação)	Indicação		Objetivo (efeito esperado)
		Manifestação Apresentada pelo Paciente	Fases da Psicoterapia e da Pesquisa Intrapsíquica	
Espelho com maximização é feito pelo terapeuta usando o espelho que retira acrescido da técnica de maximização.	"Vou trabalhar com a técnica do espelho realçando e até aumentando aspectos que estão ditos ou apenas sugeridos. Veja com você avalia isso."	- Principalmente no tratamento do narcisismo. - Bloqueio na aceitação da cadeia de realidade.	- Patologia narcísica. - Núcleos narcísicos.	- Sair da defesa de birra, racionalização, ilusão e justificativas, e terminar a evolução da cadeia de realidade.

Os autores

Victor Roberto Ciacco da Silva Dias formou-se em Medicina pela Faculdade de Medicina da Universidade de São Paulo (FMUSP) e em Psicodrama pela Associação Brasileira de Psicodrama e Sociodrama, em São Paulo. Fundou e coordena a Escola Paulista de Psicodrama (EPP). É o criador da Teoria de Programação Cenestésica e da Análise Psicodramática. Tem atualmente sete livros publicados pela Editora Ágora: *Psicodrama – teoria e prática; Análise psicodramática – Teoria da programação cenestésica; Sonhos e psicodrama interno na análise psicodramática; Vínculo conjugal na análise psicodramática – Diagnóstico estrutural dos casamentos; Sonhos e símbolos na análise psicodramática – Glossário de símbolos; Psicopatologia e psicodinâmica na análise psicodramática – volumes I e II.* Exerce função didática na Escola Paulista de Psicodrama (EPP) e trabalha em consultório como psicoterapeuta.

Virgínia de Araújo Silva é formada em psicologia pela Universidade Estadual de Londrina, Paraná, e em Psicodrama pelo Instituto

Sedes Sapientiae, com especialização em análise psicodramática pela Escola Paulista de Psicodrama (EPP). É titulada como supervisora didata pela Federação Brasileira de Psicodrama (Febrap). Publicou, junto com Victor R. C. S. Dias, o livro *Psicopatologia e psicodinâmica na análise psicodramática* – volume II, editado pela Editora Ágora. Exerce função didática na Escola Paulista de Psicodrama (EPP) e trabalha como psicoterapeuta no consultório.

Fábio Goffi Jr. é formado em Medicina pela Escola Paulista de Medicina de São Paulo (Unifesp). É titulado como Psiquiatra pelo Hospital do Servidor Público de São Paulo e como Mestre pela Faculdade de Medicina da Universidade de São Paulo (FMUSP). Formado em psicodrama pelo Instituto Sedes Sapientiae e especializado em análise psicodramática pela Escola Paulista de Psicodrama (EPP). Exerce atividade didática na EPP e trabalha em consultório como psiquiatra e terapeuta.

Celso Azevedo Augusto é formado em Medicina pela Pontifícia Universidade Católica (PUC), campus de Sorocaba. É titulado em Pediatria e em Psiquiatria pelo Hospital do Servidor Público de São Paulo. É formado em Psicodrama pelo Instituto Sedes Sapientiae e especializado em análise psicodramática pela Escola Paulista de Psicodrama (EPP). Trabalha em consultório como psiquiatra e terapeuta.

Cristiane Aparecida da Silva é formada em Psicologia pela Universidade de Guarulhos (UnG), São Paulo. É Mestre em Psicologia e Educação pela Universidade de São Paulo (USP) e formada em Psicodrama pelo Instituto Sedes Sapientiae, com especialização em Análise Psicodramática pela Escola Paulista de Psicodrama (EPP). Trabalha como Professora e Supervisora na EPP e na Universidade de Guarulhos. É Psicoterapeuta didata pela Federação Brasileira de Psicodrama. Exerce atividade didática e trabalha como psicoterapeuta em consultório.

Mai Ferreira Magacho é formada em Psicologia pela Pontifícia Universidade Católica (PUC), Campinas. Formada em psicodrama pelo Instituto Sedes Sapientiae e especializada em análise psicodramática pela Escola Paulista de Psicodrama (EPP). É professora da cadeira de psicoterapia de casal e família da EPP. Exerce atividade didática e trabalha como terapeuta em consultório.

Elza Maria Medeiros é formada em Psicologia pela Faculdade Paulistana. É formada em psicodrama e especializada em análise psicodramática pela Escola Paulista de Psicodrama (EPP). É especializada em Psicossomática pelo Grupo de Estudos em Psicossomática – Somatodrama. Exerce atividade didática na EPP e trabalha em consultório como terapeuta.

IMPRESSO NA
sumago gráfica editorial ltda
rua itauna, 789 vila maria
02111-031 são paulo sp
telefax 11 **2955 5636**
sumago@sumago.com.br